Manager un projet pour la première fois

Alain Asquin & Thierry Picq

Manager un projet pour la première fois

De l'idée à la réalisation

EYROLLES

Éditions d'Organisation

Éditions d'Organisation
Groupe Eyrolles
61, bd Saint-Germain
75240 Paris cedex 05

www.editions-organisation.com
www.editions-eyrolles.com

Sommaire

Introduction

Manager un projet pour la première fois ! Est-ce que l'on ne gère pas toujours un projet pour la première fois ? Un projet contient nécessairement une forme de nouveauté qui le rend pour partie singulier. Que ce soit par leur contenu, leur finalité, leur méthodologie ou les contextes dans lesquels ils se déploient, deux projets ne sont jamais totalement identiques. Il y a bien, dans la notion de projet, l'idée que l'on gère cette mission pour la première, et en même temps, pour la dernière fois.

Cela veut-il dire qu'on ne peut être un chef de projet expérimenté ? Certes non ! Cette expérience, c'est celle de celui ou de celle qui est « averti », qui sait globalement à quoi s'attendre dans un projet. Il ou elle peut ainsi se mettre en éveil et se préparer à gérer des situations types, alors même que l'on ne peut pas prédire ce qu'elles seront dans le détail, ni comment elles vont se dérouler.

Nous pensons que, dans les entreprises, les collaborateurs, quels que soient leur âge, fonction et niveau d'expérience sont mal préparés à répondre aux exigences des situations projet.

Celles-ci sont en effet plus complexes qu'il n'y paraît de prime abord. Complexe… du latin *complexus*, ce qui est tissé, ce qu'il est à la fois difficile de discerner et dont on ne peut avoir l'espoir d'une représentation exhaustive.

La complexité du projet vient de l'abondance des facteurs à prendre en considération dans une situation toujours urgente. Mais la complexité tient également du sens qu'il faut donner, au moins provisoirement, aux phénomènes que l'on observe. Le nouveau chef de projet doit s'accoutumer à vivre avec l'incertitude. Il doit renoncer à vouloir la réduire *a priori*. Il doit renoncer à ne s'engager que lorsqu'il aura une information parfaite. Il doit imaginer que la demande de la direction générale peut évoluer, qu'elle est imprécise. Il doit envisager que le client puisse ne pas très bien savoir ce qu'il veut. Il doit s'accommoder des acteurs en présence, orienter et gérer leurs contributions et énergie, positive ou négative.

Les entreprises ne forment pas leurs collaborateurs à évoluer dans la complexité et à vivre l'incertitude. Elles les forment au mieux, à la maîtrise d'outils de « bonne gestion » (planification, coordination, suivi, contrôle).

L'idée qui a présidé à la rédaction de cet ouvrage consiste à proposer un transfert d'expérience au travers d'un modèle d'apprentissage différent, fondé sur le récit, qui occupe toute la première partie.

C'est dans une situation typique de la complexité d'un projet que nous retrouvons Pascal Delerme. Cet ingénieur trentenaire a maintenant une bonne dizaine d'années d'expérience, et se trouve actuellement responsable de production chez Créaludo, une grosse PME bien connue des enfants et de leurs parents, l'un des leaders du jouet en France.

Pascal va progressivement se trouver à la tête d'un projet qu'il va devoir, bon an mal an, mener à son terme. Son histoire n'est pas celle d'une « success story », loin s'en faut ! Cependant, elle nous a paru intéressante car elle montre bien à notre sens toutes les dimensions qu'il faut prendre en compte lorsque l'on gère un projet, et dont pourtant on ne nous a jamais parlé avant d'en prendre la responsabilité. Bien entendu, Pascal n'est pas seul, il a une équipe et est entouré d'acteurs qui peuvent l'aider. Certains sont réservés sur la pertinence de son projet. D'autres y sont même hostiles. Et il pourrait encore s'accommoder de ces jeux d'acteurs, s'il était lui-même serein quant au soutien de sa direction générale. Le projet n'est d'ailleurs pas forcément très clair au départ… et même un peu après. Il faudra que Pascal parvienne à le définir « chemin faisant », alors même que des décisions irréversibles ont déjà dû être prises.

Pascal va vivre des moments intenses au travers des 7 chapitres de cette première partie. Il va se révéler à lui-même et auprès de ses collaborateurs. Il va se rendre compte qu'un projet peut envahir votre vie, y compris votre vie privée, et que cela peut causer quelques dégâts si on n'y prend pas garde. Mais est-ce que Pascal a été tout à fait conscient de ce qu'il a vécu ? Pouvait-il facilement penser et agir en même temps ?

Notre souhait est de partager une analyse de la complexité de ce projet particulier, qui est emblématique de nombreuses situations projet. Le récit permet d'appréhender la situation dans sa globalité, et dans toute sa dynamique. Les acteurs sont là, ils agissent, ils décident, ils évoluent. Ils s'affrontent ou s'épaulent. Ils partagent des moments sensibles, dans tous les sens du terme. Il faut laisser le récit se dérouler avant de partager ensuite sur cette expérience.

Nous proposons ainsi d'analyser le projet dans la seconde partie de cet ouvrage. Cette analyse représente une base d'expérience. Des recommandations sont discutées, des outils sont présentés et illustrés à partir de ce qu'a vécu Pascal. Des concepts sont mobilisés pour aider à comprendre.

Nous le ferons certes en appelant des concepts et outils déjà éprouvés en management par projet, mais aussi en introduisant quelques propositions innovantes.

Sept questions clés vont être traitées dans l'analyse proposée dans la seconde partie de cet ouvrage :

◈ Comment passer de l'idée au projet ?

◈ Comment définir le projet ?

◈ Comment structurer la dynamique d'un projet dans le temps ?

◈ Comment générer de l'innovation par le projet ?

◈ Comment manager l'équipe projet ?

◈ Comment évaluer la position politique des acteurs ?

◈ Comment gérer la fin du projet et l'après-projet ?

Vous l'aurez compris, cet ouvrage mi-roman, mi-manuel, est fondé sur des principes pédagogiques forts et structurants. Nous les avons établis au travers de notre expérience des projets, des situations complexes et de nos enseignements.

Il est important que nous les précisions au lecteur.

◈ Nous avons la conviction que le récit est un mode d'apprentissage particulièrement adapté à l'acquisition de savoir-faire de management de projet. L'observation intelligente, et accompagnée de situations vécues par d'autres, constitue un miroir pour regarder différemment ses propres pratiques et prendre du recul sur son quotidien. De nombreux lecteurs se reconnaîtront dans les comportements de Pascal ou ceux des acteurs qu'il va croiser sur son chemin. Plutôt que l'apport d'outils désincarnés, nous avons choisi de vous faire vivre de l'intérieur la complexité d'une situation proche de celles vécues dans les entreprises.

◈ Ce choix narratif permet également d'aborder le projet comme un processus, une aventure avec une chronologie d'événements. Il y a un passé et des futurs possibles. Des acteurs apparaissent et disparaissent, des aléas bousculent les prévisions… Ce regard longitudinal permet d'insister sur les enchaînements d'action, les ruptures, bifurcations et trajectoires que prennent le projet et les acteurs qui s'y sont engagés. Il offre donc un accès privilégié pour mieux comprendre les dynamiques complexes d'une construction collective au cours du temps.

◈ Nous avons également choisi de mettre plus particulièrement l'accent sur la dimension managériale dans l'analyse de la conduite de projet. Loin de nous l'idée de contester l'utilité des outils et techniques, nous en parlerons d'ailleurs dans l'analyse. Mais le succès d'un projet se joue, selon nous, bien davantage au niveau de la capacité à animer une équipe, à interagir avec un environnement, à comprendre des jeux politiques qu'à l'application d'outils de gestion. Pour nous, il s'agit plus de « faire vivre un projet » que de le gérer !

Le rideau s'ouvre sur notre héros, homme ordinaire, qui deviendra chef de projet. Pascal Delerme est seul dans son bureau, hypnotisé par un petit morceau d'étoffe qui va changer sa vie professionnelle…

Si vous êtes prêt à vous lancer dans l'aventure avec lui, il suffit de tourner la page !

Partie 1

LE PROJET ZUMANOÏDES

Les principaux protagonistes

Les membres de l'équipe projet Zumanoïdes

GEORGES ABADIE, 50 ans, dont presque vingt ans chez Créaludo. Contrôleur de gestion, il est un fidèle de Charles Duprès qui a demandé qu'il soit membre de l'équipe projet.

PASCAL DELERME, 33 ans, depuis cinq ans chez Créaludo, responsable de production sur une ligne plasturgie, chef du projet Zumanoïdes.

LÆTITIA DUMONT, 30 ans, cadre commercial dans l'équipe de Paul Lachenal, de retour de congé maternité, sans réelle mission dans son département. Proposée dans l'équipe projet par Paul Lachenal.

PHILIPPE ECOIFFIER, 39 ans. Il était l'adjoint de Didier Lelong, qui avait lancé l'idée de la ligne des Zandroïdes il y a environ huit ans, et qui sont dans le catalogue depuis cinq ans. Didier étant parti à la fin du développement, c'est Philippe qui l'a remplacé à la tête de la cellule de développement industriel.

JEAN-BAPTISTE HERBEMONT. Un spécialiste de l'électronique et des micromoteurs. C'est notamment lui qui a fait le suivi du développement industriel avec MicroEngine, le partenaire qui contribue à la production des Zandroïdes.

GREG JULIARD, 39 ans, ingénieur en matériaux. Il travaille notamment sur la résistance des matériaux et la qualité. À ce titre, il est souvent en contact avec Gérard Lesage, mais dont il ne dépend pas hiérarchiquement.

FRANCK LECŒUR. 26 ans, ingénieur en systèmes d'informations. Il est d'habitude en activité support dans le département SI, mais il semble avoir envie d'entrer au contact du client par ce projet.

SYLVIE LEMENEUR, 47 ans dont quinze passés chez Créaludo. Très bonne spécialiste de la conception, elle manie sans pareil les logiciels de CAO. Elle est intéressée par le défi de conception que représente le projet.

Les membres du comité de pilotage

CHARLES DUPRÈS, président-directeur général de Créaludo, formé au modèle anglo-saxon. Ancien directeur administratif et financier de l'entreprise, il a succédé à son père il y a huit ans.

PAUL LACHENAL, directeur commercial, premier sponsor du projet. Il voit dans le projet le moyen de s'affirmer dans le comité de direction dont il est membre.

GÉRARD LESAGE, responsable qualité du groupe Créaludo, mentor de Pascal, membre du comité de direction. Le projet lui semble présager des orientations stratégiques à privilégier dans le groupe.

GAËL PELUZZI, directeur marketing, membre du comité de direction. Au départ du projet, il est réservé sur les risques de confusion sur le positionnement de l'entreprise.

Les autres acteurs

AMIN BOURGHAZA, ami d'enfance de Pascal, consultant dans un grand groupe de conseil anglo-saxon, spécialisé dans l'amélioration de la performance. Il permet à Pascal de prendre du recul sur son projet.

YANN DE BEERS, le responsable de la ligne micromoteurs de MicroEngine, le partenaire électronicien de la ligne Zandroïdes.

MARIE DELERME, femme de Pascal. Elle a du caractère et sait mettre Pascal face à ses contradictions.

JEAN DUPRÈS, père de Charles et fondateur de Créaludo. Bien qu'il soit âgé de 80 ans, il reste vigilant sur la conduite des affaires de « son » entreprise.

FANG PEI, homme d'affaires chinois qui rencontre Pascal à Singapour. Il lui propose un textile révolutionnaire pour améliorer la gamme des robots Zandroïdes.

JEAN-CLAUDE ESTAGON, contremaître de Pascal. Il va reprendre une partie de sa charge de travail en production.

LUIGI PIETRI, responsable de l'animation du réseau de distribution, réservé sur la remise en cause du projet sur les relations établies avec les distributeurs.

HENRI MAIRE, directeur industriel, membre du comité de direction, chef hiérarchique de Pascal.

1 | L'irruption

L'échantillon d'étoffe de couleur chair reposait sur le bord du bureau. Calé au fond de son fauteuil, les épaules rentrées, Pascal ne pouvait détacher son regard de ces 30 cm² de tissu qui allaient peut-être changer le cours de sa vie professionnelle. D'un geste lent, il le reprit et l'étira doucement entre ses doigts. C'était bien la dixième fois qu'il faisait ce geste machinal ce soir. Son esprit était vagabond. Il se revoyait, un mois plus tôt à Singapour au Salon international du jouet. Il était venu pour le compte de Créaludo, l'entreprise qui l'employait depuis presque cinq ans. Et en cinq ans, c'était bien la première fois qu'il partait aussi loin. C'est que son poste de responsable de production ne se prêtait pas en général à ce type de prospection dans une culture maison restée très traditionnelle. Et pourtant, cette fois on lui avait demandé de partir une semaine pour rencontrer d'autres industriels du jouet et notamment des industriels asiatiques. Des choix importants devaient être faits. La concurrence ne cessait de s'intensifier, et il devenait difficile pour une grosse PME française de s'en sortir dans un marché qui se mondialisait.

Sa lettre de mission était de trouver des partenaires industriels dans la perspective de nouer des accords de production, soit sous licence pour des ventes dans la zone, soit en simple sous-traitance avant de rapatrier la production en Europe.

Curieusement, mais c'est peut-être souvent comme cela, la rencontre la plus intéressante durant son séjour se fit à la cafétéria du salon des expositions. Devant un thé au jasmin fumant, Pascal parcourait le catalogue des produits de Créaludo : des jouets d'imitation traditionnels, désormais le plus souvent en plastique, même si l'entreprise conservait deux lignes de jouets en bois qui avaient fait la réputation de la marque depuis son origine, dans les années 1950. Créaludo produisait par ailleurs des poupons et de nombreux accessoires associés, mais aussi des petites cuisines, des appareils d'électroménager. Côté garçon, ce qui marchait assez bien c'étaient des mini-ateliers avec des outils dont un certain nombre portait des marques prestigieuses de bricolage. Le problème était le coût prohibitif des licences qui ne laissait que peu de marge. Il y avait aussi pour les plus jeunes des porteurs ou des cubes. Et puis il y avait ces fameux chalets suisses produits depuis presque cinquante ans. Les parents les achetaient sans doute par nostalgie mais aussi pour le caractère naturel de ce jouet de construction. Finalement, rien que de très traditionnel. Sauf cette ligne, montée il y a cinq ans un peu avant l'arrivée de Pascal. Il s'agissait de petits personnages motorisés. L'entreprise produisait les personnages, mais c'était un partenaire industriel qui réalisait la partie motorisation et l'électronique. Ce n'étaient évidemment pas des compétences dont disposait Créaludo, et le tout avait pris plus de trois ans de développement. Cette ligne formait le haut de gamme du catalogue et elle générait des marges qui faisaient défaut ailleurs. Elle avait aussi pour avantage de garder une offre pour les 8-12 ans. Sans cela, Créaludo ne pouvait espérer intéresser des enfants au-delà de 8 à 9 ans. C'était donc une ligne stratégique.

Absorbé par son catalogue, Pascal était rivé devant les photos des robots lorsqu'une voix le tira de ses pensées :

— *Ces personnages sont très intéressants. Que font-ils au juste ?*

— *Pardon ?*

— *Excusez-moi de vous importuner ainsi, mais je vous voyais tellement concentré que je me suis permis de regarder. Et je trouve ces personnages très intéressants.*

Pascal se remit à parler dans son anglais approximatif, son « Globish » comme disait sa femme :

— *Merci, ce sont des produits développés par mon entreprise Créaludo, et je suis responsable de production dans l'usine qui les fabrique en France.*

— *Et comment les appelez-vous ?*

— *Les Zandroïdes, parce que nous voulons faire croire aux enfants que ces petits robots sont un peu des humains, et que nous voulions un signe de reconnaissance sur ces produits, un peu comme des super-héros. Nous avons choisi le Z qu'ils portent sur leur costume, et c'est pourquoi nous les avons appelés Zandroïdes.*

— *Et que savent-ils faire ?*

— *En fait, il y en a plusieurs catégories. Certains dansent de manière assez drôle au rythme de la musique perçue par leurs capteurs de décibels. D'autres marchent et répondent à des petits programmes préenregistrés en usine et qui leur font décrire des circuits. Mais les enfants peuvent aussi les guider avec un rayon infrarouge.*

À cet instant Pascal réalisa qu'il parlait à un parfait inconnu. Son interlocuteur n'était pas très grand, de type asiatique sans pour autant que Pascal puisse deviner de quel pays. Il avait l'air plutôt sympa, mais son costume froissé, lustré, d'une coupe rudimentaire ne jouait pas en sa faveur. Les tennis blanches non plus d'ailleurs.

Pascal pouvait couper court et retourner dans son catalogue, mais il était venu pour nouer des contacts, et il fallait avouer que parler un peu lui faisait du bien. Depuis quatre jours qu'il était là il n'avait pas eu beaucoup de relations sociales.

Il poursuivit donc la conversation en invitant son interlocuteur à s'asseoir à sa table :

— *Je vous remercie de vous intéresser à nos produits, mais vous-même que faites-vous ?*

— *Je suis Fang Pei. Moi aussi je suis industriel et en même temps je suis un peu inventeur. Je travaille plus précisément dans les textiles techniques pour de multiples applications.*

— *Mais alors que faites-vous dans un salon dédié au jouet ?*

Avec un léger sourire Fang reprit :

— *Vous savez, le textile ne sert pas qu'à fabriquer des habits. On en met partout. Dans le bâtiment, l'automobile, le médical… et pourquoi pas les jouets. Il n'y a plus de petit marché.*

— *Et vous vendez quoi en particulier ?*

— *Je n'ai rien à vendre, sinon des solutions à des problèmes.*

Voilà un quart d'heure que les deux hommes échangeaient aimablement. Pascal se préparait à prendre congé. Il finit son thé comme pour marquer la fin de cette conversation dont il ne savait pas où elle pouvait le mener. Alors qu'il fit un mouvement pour replier son catalogue, Fang Pei lui posa une dernière question :

— *Vos personnages, vos Zandroïdes, ce sont des poupées ?*

— *Non, ce sont bien des robots, mais il est vrai qu'ils ressemblent à des poupées. Ce n'est pas sans nous poser des problèmes, notamment avec les garçons qui sont notre cible première, évidemment.*

— *Vous savez, en les regardant, j'ai l'impression qu'ils pourraient être plus que des robots. Pourquoi les faites-vous en matière plastique ?*

— *C'est parce que nous travaillons sur les mêmes bases de compétences que nos produits traditionnels, et que pour ma part je suis un spécialiste de la plasturgie.*

— *Attention, nous avons un proverbe dans mon pays qui dit de se méfier des solutions que l'on voit, simplement parce qu'elles sont sous une lanterne.*

— *Que voulez-vous dire par là ?*

— *Peut-être y a-t-il d'autres solutions que le plastique. J'ai développé par exemple un textile assez révolutionnaire qui a la texture de la chair humaine ; au départ, je l'ai développé pour l'industrie médicale. Il s'agissait de faire des masques provisoires pour les grands brûlés.*

— *Et alors ?*

— *Alors, vous me faites penser que je pourrais très bien développer une solution pour vos robots. Leur donnant ainsi un aspect plus naturel, plus humain.*

Pascal était de formation scientifique et il revendiquait être un bon cartésien. Cela n'était pas sans créer au passage quelques tensions avec sa femme pour les décisions de la vie courante.

Mais comment ce type, venu de nulle part, arrivait en un quart d'heure à lui proposer de s'associer à la R&D d'un produit qu'il connaissait à peine ? Incrédule mais vigilant dans ce pays qu'il ne connaissait pas, Pascal voulu contourner la difficulté. Il décida de jouer le jeu un moment et dit à Fang que son idée était révolutionnaire. Cependant, il dut admettre que son entreprise était trop modeste et trop traditionnelle pour la mettre en place. Par courtoisie, il remit à Fang sa carte de visite, prit sa mallette et salua courtoisement cet étrange personnage, se penchant en avant, en croyant bien faire.

De retour en France, Marie était là pour l'attendre à l'aéroport. Depuis près de sept ans qu'ils étaient mariés, ils formaient un couple que tout le monde appréciait à Servolex, cette petite ville juchée sur les contreforts du Jura où était implantée l'entreprise. Évidemment, Marie avait hâte que Pascal lui raconte son voyage.

Comment était Singapour, comment était l'hôtel, ce qu'il avait mangé de bizarre, les gens qu'il avait rencontrés... elle posait toujours dix questions en même temps ; elle était comme ça, Marie.

Un peu déçu de ce déplacement, et ne sachant pas comment expliquer qu'il revenait sans contact sérieux, Pascal restait assez évasif pendant le trajet du retour. Ce n'est que forcé de trouver quelque chose à raconter qu'il parla de son étrange entretien avec Fang, devant un thé au jasmin.

— *Et alors ?* demanda Marie.

— *Quoi alors ? On en est resté là. Tu ne crois quand même pas que je vais parler business avec un inconnu en sirotant le thé.*

— *Et pourquoi pas ? On peut décider de grandes choses sur le coin d'une table. C'est bien dans un café que tu m'as demandée en mariage d'ailleurs !*

— *Parce que tu trouves cela crédible toi, de mettre une peau sur nos robots ?*

— *Je ne suis pas ingénieur, mais tant qu'à faire des robots de forme humaine, autant aller jusqu'au bout. D'ailleurs, je crois que cela ne s'est jamais fait.*

— *Écoute, ce n'était qu'une conversation de courtoisie. Il a dû m'oublier et moi, c'est aussi ce que je vais faire.*

— *Tu en parleras à Charles demain ?*

« Charles », c'est Charles Duprès, le fils de Jean Duprès, fondateur de Jouex (contraction de jouet et Servolex), qui devint ensuite Créaludo. Cela faisait à peu près huit ans qu'il avait repris l'entreprise de son père, après avoir tenu les fonctions de directeur administratif et financier pendant plusieurs années.

Mais, à presque 80 ans « Monsieur Jean » comme tous les anciens l'appelaient, restait bien présent. Il passait de temps en temps. Il était un peu le patriarche… Il était attachant et attaché à l'entreprise.

Charles, lui, avait été formé à la mode anglo-saxonne. Il était titulaire d'un MBA passé il y a quelques années, et en était ressorti transformé. Il gérait l'entreprise d'une poigne de fer. Il savait ce qu'il voulait et comment focaliser les investissements sur les gisements de « création de valeur » comme il disait. Création de valeur pour l'actionnaire s'entend, car Pascal aurait aimé que ses budgets soient un peu plus généreux.

Parler de cette opportunité à Charles paraissait peu opportun. Pascal avait trop peu d'éléments et Charles voulait toujours des choses tangibles, des chiffres, des prospectives bien calibrées. Trop souvent, Pascal s'était entendu dire : « *Encore une de vos fantaisies d'ingénieur, vous n'êtes pas dans un labo public ici. Il faut que ce que vous développez soit payé par le client. On n'est pas une institution philanthropique.* »

Et puis, présenter une opportunité de développement de produit alors qu'il devait ramener des contacts pour prendre en charge une partie de la production pouvait passer pour un manque de discernement. D'autant qu'il n'avait aucun contact sérieux à présenter.

Le lendemain, à 8 heures, la réunion de briefing du début de semaine se passait avec Charles et quelques cadres.

La présence de Charles était assez exceptionnelle. Il venait bien de temps en temps, mais il était le plus souvent en déplacement sur les différents sites de l'entreprise pour le reporting.

Aujourd'hui, il demandait à Pascal de faire le bilan de son séjour à Singapour devant le groupe. Un peu surpris et toujours sous le coup de son jet-lag, Pascal présenta les objectifs de ce déplacement. Il mit un soin particulier à se justifier en détaillant les différentes entreprises qu'il était allé voir. Il posa devant Charles les cartes de visite qu'il avait obtenues, comme autant de trophées.

— *C'est du bon boulot,* dit Charles.

Un peu étonné de cette réaction positive, Pascal demanda comment Charles voyait la suite des opérations.

—— *Il va falloir demander à notre équipe en charge du développement industriel de se ren-seigner plus en détail sur chacune de ces entreprises, et nous reprendrons contact d'ici une quinzaine de jours avec celles qui paraissent les plus solides, à partir d'un scoring que nous avons élaboré. Il était important que ces entreprises voient un de nos responsa-bles industriels, c'est pour elles une marque d'intérêt. Il faut maintenant passer aux choses plus techniques.*

Pascal avait un sentiment un peu paradoxal. D'un côté il était soulagé que sa mis-sion soit appréciée, mais de l'autre il avait le sentiment d'avoir simplement servi d'homme de paille. Il ne serait pas concerné par la suite de cette démarche. Et puis, visiblement, il y avait tout un processus dont on n'avait pas pris la peine de lui parler. Qui était-il pour Charles ? Un peu pour faire durer l'intérêt qu'il avait suscité, et pour rebondir sur ce premier fait d'armes un tant soit peu stratégique, Pascal parla de son contact avec Fang. Après cette rapide improvisation, Charles coupa court :

—— *Voilà encore une idée de plus que nous développerons quand nous serons leader en Europe,* ironisa-t-il. *Vous savez, je me suis pas mal baladé dans ces pays, et j'ai appris à me méfier de ces farfelus qui n'ont même pas d'entreprise ou à peine des petits ateliers et qui cherchent le pigeon de passage… je ne dis pas ça pour vous Pascal !*

Voilà ce qui s'appelait prendre un râteau ! On l'y reprendra à écouter Marie et ses envolées lyriques. Mais il ne s'en sortait pas si mal car les objectifs de la mis-sion semblaient avoir été atteints. Et c'est vrai que Fang ne payait pas de mine. Pascal aurait dû rester sur sa première impression, et sur ses raisonnements.

Les premiers rayons de soleil, en passant à travers les vitres des bureaux de l'usine, laissaient présager que le printemps allait enfin s'installer après ce long hiver. Mais alors que tout le monde se réjouissait de ce changement de saison, l'équipe de Créaludo, elle, se crispait un peu plus. C'est entre mars et juin que la production battait son plein pour la saison de Noël à venir. Les collections étaient arrêtées un an à l'avance et il fallait honorer les commandes des distributeurs. Pour Pascal, le quotidien avait repris ses droits et le voyage à Singapour n'était qu'un lointain souvenir… même si ce n'était finalement que le mois dernier.

Lucie, l'assistante de Pascal, posa le courrier sur le coin du bureau et ajouta par-dessus un colis, un peu plus important que les autres :

—— *C'est arrivé par Fedex ce matin à votre nom. J'ai signé pour vous car vous étiez en bas à l'usine et je n'ai pas voulu vous déranger.*

—— *Vous avez bien fait, vous devriez partir maintenant, il se fait tard. Vous allez rater votre train.*

Les calligraphies chinoises sur le rebord de l'étiquette l'intriguèrent. Remettant à plus tard le dépouillement des autres lettres, Pascal ouvrit le colis et en dégagea un papier de soie dans lequel se trouvaient des petits carrés d'étoffe. Une carte était jointe, celle de Fang !

D'abord étonné, puis amusé Pascal repensa à Charles. Décidément, Fang voulait débusquer son pigeon jusque dans son nid. Voilà un bel exemple de globalisation !

Et puis il prit l'un des carrés de peau pour le tendre, comme par jeu, sur le visage de l'un de ses robots. C'est alors qu'un frisson remonta le long de sa colonne vertébrale. L'effet était saisissant ! Certes il n'y avait pas d'yeux, et le visage en plastique en dessous gênait la bonne application du textile. Mais quel naturel, quelle texture ! Pascal s'était surpris à caresser la peau de la figurine. Il était presque 20 heures, l'heure de rentrer retrouver sa femme et ses deux enfants après une longue journée. Et pourtant il ne pensait plus à partir. Calé au fond de son fauteuil, les épaules rentrées, Pascal ne pouvait détacher son regard de ces 30 cm^2 de tissu qui allaient peut-être changer le cours de sa vie professionnelle.

2 | La révélation

Mercredi 15 mars. Pascal avait le sentiment qu'il devait pousser cette idée un peu plus loin. Pourquoi ? À première vue il n'en savait rien, ou peut-être le savait-il trop bien ! À 33 ans, le quotidien de l'usine commençait à lui peser ; et il devait s'avouer que la vie à Servolex, même si elle était agréable, n'était pas des plus trépidantes. Beaucoup de ses amis de promo étaient dans le spatial à Toulouse ou dans l'aéronautique à Vélizy. Il y avait même Vincent qui travaillait chez Renault Sport et qui courait le monde pour un nouveau titre de champion des constructeurs. Alors, ce produit curieux, l'exotisme même aseptisé de sa rencontre avec Fang, mais surtout l'avis de Marie qu'il ne voulait pas décevoir et puis, là, tout au fond de lui, son goût d'ingénieur pour le développement… voilà autant d'éléments confusément imbriqués qui le poussaient à approfondir sa réflexion sur ce sujet.

Tout de même échaudé par la première réaction de Charles il y a quelques jours, Pascal souhaitait discuter de son idée avec quelqu'un qui soit reconnu comme un bon professionnel et qui soit neutre. « Son » idée ? Tiens ! Pascal, se rendait compte qu'en décidant de s'engager un peu plus, cette idée était devenue la sienne. Il la portait autant par conviction que de manière raisonnée. Voilà qui ne lui ressemblait pas dans le cadre de son activité professionnelle.

Pascal décida d'aller voir le bien-nommé Gérard Lesage, le responsable qualité de Créaludo. Gérard était l'un des anciens de l'entreprise. Avec vingt ans de maison, il avait connu les développements majeurs de l'entreprise. Il était respecté par tous pour ses qualités professionnelles, mais aussi pour sa personnalité intègre. Il ne s'en laissait pas conter, Gérard ! Et il était l'un des rares à savoir comment tenir tête à Charles Duprès lorsque celui-ci cherchait à réduire certains de ses budgets, ou qu'il voulait remettre en cause les processus qualité mis en place « parce que cela nuisait à la réactivité ».

Ce n'était peut-être pas par hasard que « Monsieur Jean », le père de Charles, avait confié la responsabilité de la qualité pour tout le groupe à son vieil ami Gérard Lesage, un an avant de passer la main à son fils. En tout cas, ce sont les rumeurs qui persistaient dans le groupe. Et les déjeuners mensuels qu'ils prenaient tout les deux faisaient le reste. Pascal savait que Gérard l'appréciait et c'était réciproque. Pascal avait toujours joué le jeu auprès de Gérard, mais il est vrai que sa contribution était toujours modeste et limitée à la mise en place des procédures.

Il décida donc de se tourner vers lui pour parler ouvertement, en toute confiance, sans craindre les sarcasmes habituels.

Au bout d'une heure de discussion, Gérard se leva. Il se rapprocha de son paperboard. En quelques traits il mit en évidence les principales zones de la structure des robots qui seraient à modifier ; et il y en avait déjà un certain nombre. Il ajouta qu'il faudrait ajouter une nouvelle étape, qui nécessiterait de rapatrier en usine les robots une fois la partie électronique installée, alors que jusque-là ils partaient directement à la plate-forme logistique. Il faudrait sans doute modifier des articulations de la face et corriger certains mouvements. Cela impliquait des renégociations avec le partenaire électronicien. Enfin, il n'y avait aucune étude de marché pour laisser entendre qu'un tel produit pouvait intéresser les enfants et leurs parents, pour un prix que l'on ne connaissait d'ailleurs pas.

— *OK, j'ai compris qu'il y avait loin du rêve à la réalité,* conclut Pascal, *histoire de reprendre la main sur son aîné. C'est étonnant, je pressentais tous ces éléments, mais sans vouloir me les avouer. Il aura fallu que tu me les dises pour que j'accepte de renoncer.*

— *Qui te parle de renoncer ?*

— *Enfin Gérard, tu viens de me démontrer que c'était infaisable.*

— *Non, je t'ai pointé les principales difficultés, et à mon avis il y en aura d'autres.*

— *Tu penses qu'on peut y aller ?*

— *T'emballe pas tout de même, il reste à vendre ton projet.*

— *À le vendre, mais à qui ? Ce n'est qu'une idée et qui peut acheter une idée ?*

— *Je te rassure il ne s'agit pas de la vendre à Auchan ou à Promodès. Non, il faut la vendre ici, en interne ! Mais ce ne sera pas forcément plus facile.*

Vendre une idée en interne… en voilà une idée. Il paraissait évident qu'il fallait proposer de nouvelles idées et faire évoluer sans cesse les méthodes et les produits. En tout cas, c'est ce qu'il fallait faire si on voulait rester compétitif. C'était autrement plus audacieux que de sous-traiter la production pour gagner sur les salaires, pensait Pascal un peu amer. Mais Gérard d'expliquer qu'une solution de personnage à base de matériaux nouveaux allait nécessairement induire une conception importante de l'ensemble des procédés de fabrication, mais aussi des modèles de vente, voire un positionnement marketing de certains produits impactés par l'évolution de la gamme robot.

Pascal avait l'impression d'être un conspirateur. Devant le visage fermé de Pascal, Gérard se fit rassurant :

— *Ne t'inquiète pas. C'est toujours un peu le cas avec les nouveaux projets. Tu as besoin d'abord d'un bon sponsor pour t'aider à défendre ton argumentaire pour nos dirigeants.*

— *Un sponsor ? ce serait toi ?*

— *Je ne crois pas que ce soit une bonne idée. Disons que nous pourrons toujours faire un point ensemble quand tu en auras besoin. J'ai de l'expérience et il faut bien que cela serve à quelqu'un, surtout pour un si bon projet.*

— *Alors, ce serait qui ce sponsor ?*

— *Forcément quelqu'un du comité de direction. Et vu les remises en cause potentielles apportées par ton idée, je ne vois que quelqu'un de pragmatique qui ne se crispera pas sur les coûts. Je verrais bien Paul Lachenal.*

— *Tu sais Paul est directeur commercial, et en général le commercial et la production, ça ne va pas tout seul,* s'inquiéta Pascal qui avait déjà eu affaire aux intransigeances de Paul dans quelques cas de saturation des capacités de production.

Paul Lachenal était pourtant un bon directeur commercial. Formé à la dure école des lessiviers américains. Il avait décidé de quitter la vie un peu folle de ces groupes pour tenter sa chance dans une PME, et acquérir plus rapidement ses galons de directeur. C'était fait depuis un an, depuis que l'ancien directeur, de la génération de Gérard, était parti en retraite.

Paul avait encore besoin de faire ses preuves et d'acquérir de la légitimité dans l'entreprise.

— *Selon moi,* reprit Gérard, *Paul présente trois avantages pour être un bon sponsor : tout d'abord, le projet le concerne directement et c'est bon pour son implication au long cours. Paul est quelqu'un de dynamique, qui peut faire le forcing, s'il est convaincu. Ensuite il peut, par sa fonction, en appréhender plus précisément que toi l'impact sur le chiffre d'affaires et le résultat de l'entreprise. Et là ce sont des arguments indispensables pour Charles. Enfin, il est entré récemment au comité de direction. Il doit consolider sa place et en même temps il peut influencer les autres membres au fur et à mesure de leurs réunions.*

Pour Pascal il devint évident qu'il fallait qu'il prépare une réunion avec Paul. Mais avec tout le travail qu'il avait déjà, il ne savait quand caser cela.

— *Il faut donc que je lui réexplique le projet, comme à toi,* interrogea Pascal.

— *Surtout pas !* trancha Gérard.

— *Mais alors…*

— *Alors on se prend une heure pour préparer cette réunion maintenant ; et il s'agit que tu quittes ton costume d'ingénieur pour lui montrer en quoi cette idée est importante pour lui et son équipe, et en quoi elle peut contribuer à la croissance de Créaludo sur le marché des jouets électroniques. Mais je viendrai avec toi pour ce premier rendez-vous.*

Gérard avait raison. Paul avait été séduit par les perspectives de croissance sur le marché des jouets électroniques et sur la dimension internationale des débouchés que pourrait engendrer ce procédé technique. Et le plus étonnant, c'est que ces perspectives, c'est lui-même qui les avait évaluées.

En regardant la note de synthèse préparée par Pascal, Paul lui tapa sur l'épaule, avec une familiarité qui faisait toujours un peu bizarre dans le groupe :

— *Bravo les gars. On dirait qu'on tient une véritable idée qui, j'en suis sûr, donnera un bon retour sur investissement. Mais il faudra encore travailler avant de convaincre le comité de direction. Je ne vous apprends pas que lui seul autorise le lancement de ce type de projet.*

— *Dis, Paul, cela ressemble à un vrai parcours du combattant pour voir approuver une idée chez Créaludo,* ponctua Pascal un peu dans le contrecoup des efforts qu'il avait déjà produits.

— *Allons, un peu d'enthousiasme,* renchérit Paul. *C'est aussi un ingrédient indispensable au succès d'un projet. Nous allons faire un avant-projet pour obtenir les fonds dont nous avons besoin.*

— *OK, mais que dois-je faire, je suis un peu perdu,* lança Pascal un peu dépassé par les événements, et par l'enthousiasme de ses deux collègues.

— *Eh bien, bizarrement, il va falloir apporter des réponses à des questions que l'on ne t'a pas encore posées,* reprit Gérard, un peu mystérieux, *des questions critiques pour nos décideurs !*

Courbé devant sa feuille blanche, Pascal relisait les notes prises durant la réunion. Il y en avait partout, tellement les idées fusaient. Il avait déjà participé à des séances de brainstorming, mais maintenant l'orage était dans sa tête.

Il fallait mettre en forme l'opportunité d'un tel produit, ensuite présenter en quoi ce produit était innovant et créateur de différenciation et donc de valeur pour Créaludo. Mais au-delà des enjeux, Paul et Gérard avaient insisté sur la nécessité de ne pas cacher les risques patents et induits, au contraire. Il fallait montrer qu'ils avaient été repérés et que l'on pourrait mettre en place des actions de prévention, de protection ou de minimisation de ces risques. Sur cette base un peu statique, Paul avait recommandé de présenter même succinctement au Codir une sorte de plan de développement, avec les grandes phases, les jalons importants, les besoins de trésorerie, et bien entendu la valeur actuelle nette du projet.

Enfin, il fallait une note finale pour emporter la décision. Il proposa à Pascal de lister une dizaine de recommandations d'actions pour engager rapidement et concrètement ce projet, qui durerait au moins dix-huit mois.

Il restait à réunir toutes ces informations et les mettre en forme. Rien que ça, et en moins de quinze jours !

Sa formation d'ingénieur ne l'avait pas réellement armé à ce type de réflexion. L'une des qualités de Pascal était de savoir douter. Le problème était que ce doute était rarement constructif, il le paralysait ! Il faudrait un jour qu'il travaille sur ce point qui le mettait tant mal à l'aise. Mais la plus grande difficulté du moment était qu'il avait l'impression de ne pas faire un travail tout à fait honnête, de chercher à embellir la situation pour obtenir une décision favorable, et ça le bloquait.

Une semaine s'était écoulée sans que le dossier n'avance vraiment et Pascal commençait à ressentir les effets du stress. Il dormait moins bien, il était inhabituellement nerveux et désagréable avec Marie. Et même sa patience légendaire avec ses enfants en avait pris un coup.

— *Pourquoi n'appelles-tu pas Amin ?* demanda Marie.

— *Amin est un copain d'enfance, et je ne mélange jamais le privé et le boulot.*

— *Justement, c'est ta vie privée qui commence à être envahie par tes préoccupations de boulot. Alors, demande-lui au moins de t'aider à rééquilibrer les choses.*

Quand Marie ne mâchait pas ses mots, Pascal savait qu'il fallait réagir.

— *Mais comment veux-tu qu'il m'aide depuis sa tour de La Défense à Paris ?*

— *Écoute, il est consultant depuis plus de dix ans, il a dû en croiser des Créaludo et des projets.*

Le lendemain, Pascal se ménagea un temps de travail avec Amin qu'il avait joint sur son portable. Cette fois Amin était à Bordeaux chez un équipementier automobile qui devait visiblement lancer une nouvelle campagne de sélection des sous-traitants de second rang. La compétence d'Amin était large, mais il s'était spécialisé dans les projets de « reconquête de la performance », comme il disait. Les amis savaient se parler franchement, et c'est ce qui faisait sans doute la qualité de leur relation depuis presque vingt ans.

Après avoir fait une synthèse de la situation et des blocages ressentis, Pascal demanda à Amin la conduite à tenir.

— *Première chose, Pascal. Tu as raison de prendre cette phase au sérieux. Par contre, tu ne mets pas les enjeux au bon endroit.*

— *C'est quoi un enjeu dans le langage des consultants ?*

— *L'important, ce n'est pas le chiffrage, du moins ce n'est pas la précision du chiffrage. De toute façon, le Codir prendra une décision sous réserve d'un complément d'information, mais qui nécessitera d'engager un budget d'étude d'opportunité. Tu ne peux pas réaliser l'impossible, seul dans ton coin, ce n'est pas crédible.*

— *Donc quels chiffres je dois présenter ?*

— *Attends un peu avec tes chiffres. D'abord construis ton argumentaire, fais des hypothèses sur la cible, sur une fourchette de ventes… ce ne sont que des hypothèses et tout le monde les prendra comme telles. La seule obligation est que les ordres de grandeur soient crédibles.*

— *Ça, je peux faire ! d'autant que je propose des chiffres très prudents.*

— *Pourquoi prudents ?* s'inquiéta Amin.

— *Pour limiter les risques.*

— *Là tu fais courir un risque à l'entreprise. Ce n'est pas à toi de censurer le projet a priori. Donne les chiffres que tu penses plausibles, et va les confronter avec l'équipe de Paul, le directeur commercial. Je suis sûr qu'il pourra t'aider à corroborer. Il veut ce projet aussi, non ? Il te donnera quelques contacts au marketing, au contrôle de gestion. C'est faisable en une semaine, mais je ne te cache pas que c'est un gros boulot.*

— *Et pour le chiffrage des investissements et de la rentabilité prévisionnelle ?*

— *Même chose ! Liste les grands postes de dépense, les possibles investissements, mais ne te perds pas dans les détails. On te demande une enveloppe, pas un tableau ligne à ligne.*

— *Mais comment peuvent-ils pendre une décision rationnelle à partir de masses globales ?*

— *Je te rassure ils ont l'habitude. C'est en gros leur boulot. Et dis-toi que ce que tu appelles « rationnel » n'est pas le seul mode de décision. Ils peuvent tout simplement raisonner et prendre une décision sans avoir de démonstration mathématique. On est dans les affaires. Il y a beaucoup de variables indéterminées qui peuvent jouer dans beaucoup de sens. C'est une démarche complexe. À toi de proposer un projet en ton âme et conscience et du mieux que tu peux. Il faut que ce soit cohérent, que ce soit solide, crédible. Il vaut bien mieux une bonne vision d'ensemble que des détails qui donnent l'apparence d'une maîtrise péremptoire du sujet, et qui peuvent se retourner contre le projet. Si c'est trop détaillé, c'est contestable. Si c'est large, chacun peut y mettre un peu ce qu'il veut, et c'est sa responsabilité. À eux de décider s'ils sont prêts à « payer pour voir ». Dans notre jargon la prochaine réunion du Codir sera un Kick off.*

— *Je te reconnais bien là, avec ton langage de supporter du PSG. Kick off, c'est comme taper dans un ballon au début d'un match de foot ?*

— *C'est un peu la décision de lancer la partie. Mais ne confonds pas. Eux, ils sont des arbitres pour le moment, mais ils peuvent aussi décider de jouer et de « taper dans le ballon ». Tu verras que les règles du jeu sont souvent étonnantes, et pas très formalisées.*

— *OK Amin, je te tiens au courant après la réunion pour te dire si c'est parti.*

— *D'accord, mais dis-moi surtout si c'est « bien » parti !*

Paul avait réussi à faire inscrire le projet à l'ordre du jour d'un comité de direction restreint, en prenant sur lui cette initiative pour éviter que Charles ne refuse d'un revers de manche que soit évoquée l'idée farfelue que Pascal lui avait déjà soumise.

Pascal n'avait pas été invité à la séance du 6 avril. Gérard l'avait un peu regretté, mais Paul semblait vouloir le préserver des piques de Charles. C'était peut-être mieux ainsi.

Ces trois heures de Codir furent interminables. Pascal avait l'impression, pas tout à fait fausse d'ailleurs, de passer un examen. Il ne put absolument pas se concentrer sur des choses sérieuses, comme si ce projet était devenu la chose la plus importante du moment pour lui. Il en était à liquider des tonnes de messages de sa boîte mail, et ce nettoyage de printemps le défoulait un peu. Il revoyait toute la masse de problèmes qu'il avait pu résoudre dans les mois écoulés. N'allait-il pas faire gonfler sa boîte mail de nouveaux problèmes avec ce nouveau projet ?

Il s'était mis d'accord avec Gérard pour se voir après... quelle que fût la décision.

Souriant, Gérard entra dans le bureau de Pascal, immédiatement suivi de Paul, hilare.

— *Ah ! mon vieux, ce fut une belle manœuvre, lança Paul, à peine assis. On dirait bien que l'on a réussi ! Ils sont d'accord pour le montage officiel de ce projet. Mais je dois t'avouer que Charles n'est pas enchanté. Disons qu'il n'a pas trop vu le coup venir, et l'essentiel des membres du Codir se sont spontanément montrés intéressés avant même qu'il ait eu le temps d'émettre des réserves, ce qu'il s'est gardé de faire par la suite. Je crois qu'il va appliquer son fameux adage « wait and see ».*

— *C'est vrai que le projet est lancé, confirma posément Gérard. Mais j'aurais aimé un climat plus serein, que Charles soit plus volontaire.*

— *Écoute, on ne fait pas d'omelette sans casser des œufs, il faudra simplement que le projet obtienne des résultats incontestables pour qu'il adhère, c'est un pragmatique notre Charles ! conclut Paul.*

— *Et les questions ? Est-ce que le dossier était bien solide ? demanda Pascal.*

— *Pas de problème. Ils sont venus là où on les attendait. Ils n'ont pas insisté sur les parties techniques. Ils se sont concentrés sur la vision d'ensemble, la cohérence, l'envie que cela pouvait générer chez les collaborateurs. C'est souvent comme cela. Là où ils ont passé le plus de temps c'est sur le potentiel de marché, sur les effets d'entraînement sur le reste du catalogue. J'ai pu directement les rassurer sur la base des estimations de mon équipe,* termina Paul, laissant paraître une pointe de suffisance dans son attitude.

— *Il faut que je te dise, Pascal, que Charles a demandé que tu sois personnellement en charge du projet et que tu lui rendes compte directement,* reprit Gérard.

— *Comment ça en charge ? Moi, j'avais envie que ça parte, et qu'un jour, pourquoi pas, je m'occupe de la production de ces nouveaux robots. Mais je n'ai aucune expérience de la gestion de bout en bout d'un projet.*

— *C'est Paul qui a insisté… n'est-ce pas Paul ?* questionna Gérard.

— *Eh oui, c'est normal. C'est bien toi qui es à l'origine de l'idée. Tu seras le plus à même de la développer.*

— *Attendez… je suis déjà pas mal chargé avec mes tâches de gestion de production, et en plus on est en plein boom pour la production de Noël. Où je vais trouver le temps, moi ?*

— *Il va falloir te dégager des disponibilités, déléguer davantage, faire plus vite, aller à l'essentiel… je pourrai t'aider là-dessus,* proposa Paul. *Mais tu ne peux pas refuser. Tu es officiellement nommé « chef de projet » et une lettre de mission te sera confiée par Charles dans les jours qui viennent.*

« Chef » et « projet ». Voilà deux mots qui intriguaient fortement Pascal, certes flatté. Deux mots qui avaient le parfum de l'aventure.

3 | L'affirmation

Depuis une semaine que Pascal était « chef de projet », rien n'avait changé ! Il avait toujours le même bureau, le même ordinateur Pentium III vieillissant, les mêmes responsabilités à la production… et il ne semblait pas que l'on veuille modifier son salaire. Les autres cadres de l'entreprise avaient bien entendu vaguement parler de cette histoire de projet, mais visiblement ils n'en faisaient pas grand cas. Qui était ce chef d'une armée fantôme à la tête d'une vague idée ?

Pascal ne pouvait se reposer sur une structure établie, avec des procédures bien huilées, des équipes aguerries. Il lui fallait tout inventer. Comme si, en plus de la conception de ses robots, il fallait concevoir l'organisation et se former à la conduite du projet.

Le fruit de sa première semaine de réflexion était en gros le suivant : Pascal pensait pouvoir dégager environ 30 % de son temps, et jusqu'à 50 % selon les besoins du projet. Mais il avait été clair avec sa femme Marie : il ne pensait en fait pas pouvoir libérer plus de 1,5 jour par semaine sur sa charge actuelle. Il compenserait en travaillant le soir ou parfois le samedi. Il venait de proposer à Jean-Claude, l'un de ses meilleurs contremaîtres, de prendre une partie de la préparation, du suivi de production et la planification de la maintenance sur les lignes les plus stables. Il l'accompagnerait dans les premiers temps pour assurer un tuilage, ce qui allait paradoxalement augmenter sa charge au lieu de le soulager.

Ensuite, Pascal avait identifié des grandes phases : puisque l'opportunité de faire ce projet était acquise, il fallait maintenant engager une étude de faisabilité plus sérieuse.

Après la faisabilité s'ensuivra une étude de définition générale sur les grands principes fonctionnels et une définition détaillée visant à identifier les solutions techniques dans chaque domaine. Enfin, il faudra passer la phase de prototypage et à la définition des méthodes pour la présérie. Ces grandes phases assez classiques, Pascal les avait vues en école d'ingénieur. Le problème, c'est qu'il n'en avait aucune connaissance pratique et qu'il ne savait pas quelle devait être la durée de chacune d'elles, ni quel budget il devait leur affecter.

Comment promettre la sortie des premières préséries après douze mois, alors même qu'il ne savait pas par quel bout prendre le problème ? Il fallait

« apprendre en marchant » et savoir s'entourer. Pour chaque phase, il avait essayé de repérer les meilleurs spécialistes, mais il ne savait pas trop comment s'y prendre pour les convaincre de passer du temps sur ce projet.

Une décision avait également été prise à l'issue de cette semaine : installer un comité de pilotage du projet. Pascal sentait qu'il avait besoin de rendre compte et de soumettre ses décisions à des gens moins directement impliqués que lui. Au départ, le Codir avait suggéré que Pascal joue le rôle d'un coordonnateur de projet et qu'il rapporte directement et uniquement à Charles. Il proposa un compromis avec ce comité restreint pour conserver une bonne réactivité sans être dans un duel perpétuel avec Charles. Pascal a alors souhaité que ce Copil soit composé des principales parties prenantes internes, à savoir Charles Duprès, le PDG également en charge du développement industriel, Paul Lachenal, le directeur commercial, Gaël Peluzzi, responsable du marketing, et Gérard Lesage, le responsable qualité pour le groupe.

Enfin, il avait décidé, sans en parler dans l'entreprise, de solliciter régulièrement Amin, son ami d'enfance devenu consultant. En véritable ami, ce dernier l'avait assuré de son soutien sans qu'il soit question de compensation financière. Mais Pascal savait qu'il ne pourrait pas abuser de son temps. Ils étaient convenus d'avoir des conférences téléphoniques car les déplacements de Paris à Servolex auraient pris trop de temps. Et d'ailleurs, la première réunion téléphonique avait lieu le soir même. Après avoir écouté la synthèse de Pascal, Amin réagit :

— *Voilà qui n'est pas mal du tout, mais je voudrais te sensibiliser sur quelques points. Mais attention, je ne connais pas encore bien ton projet.*

— *Arrête les précautions oratoires, on est là pour être efficaces.*

— *Bon, disons que je trouve tout cela un peu trop propre, disons artificiel. Comme s'il n'y avait qu'à résoudre des problèmes techniques, des contingences de budget et de planning, et à entrer le tout dans un bon petit logiciel de gestion de projet.*

— *Attends, je ne te suis pas. Les points que je soulève sont importants.*

— *Je ne te dis pas le contraire, mais tu dois créer une dynamique autour du projet, faire en sorte que les gens se l'approprient et t'aident à le façonner, tu dois créer de la transversalité… Dans ce que tu me proposes, tout est linéaire, séquentiel. Il faut que tu intègres que l'incertitude fait partie du jeu, mais que cela nécessite une autre façon de penser ton action.*

— *OK, explique-moi.*

C'est sur les bases de cette discussion qui dura encore une bonne heure, que Pascal allait préparer sa première réunion de comité de pilotage. Le Copil se réunit au milieu de la « semaine 2 » à la demande de Pascal. Il allait leur expliquer et débattre pendant deux heures de la manière dont il pensait conduire le projet.

Mais curieusement, Pascal commença par leur demander ce qu'ils attendaient du projet, en entamant le tour de table par Paul Lachenal, Gaël Peluzzi puis Gérard Lesage pour enfin demander sa vision à Charles Duprès. Paul avait clairement dit son espoir de voir ce type de produit dynamiser l'ensemble de l'offre et repositionner les produits vers le ludique, et pas seulement du jouet. Après un discours de soutien de Paul, Gaël Peluzzi fit cependant valoir ses doutes :

—— *Je suis ouvert à ce projet, croyez-le bien. Cependant, il risque de bousculer pas mal de choses dans notre positionnement. L'ambiguïté avec l'humain me fait peur. On quitte le domaine du jouet, qui est dans l'ordre de l'imaginaire, pour se rapprocher d'un réalisme qui tend plus vers le monde des adultes. Vous risquez de modifier notre marché de référence sur cette ligne, et ce faisant vous pourriez brouiller notre image globale dans un monde où le client est déjà très sollicité, et où il a besoin de clarté pour choisir. Ce n'est pas parce que ce projet vous plaît, ou nous plaît devrais-je dire, qu'il va plaire à notre clientèle. J'attends encore que la démonstration soit faite. Ceci dit, je vois dans ce projet une belle occasion de nous poser des questions essentielles que nous oublions trop souvent. Et c'est aussi en cela qu'il m'intéresse. Il est pour moi tout autant un laboratoire nous permettant de réfléchir ensemble à qui nous voulons être !*

Gérard rebondit sur cette dernière partie de l'intervention de Gaël. Il dit clairement que ce projet devait être une occasion de renouveler les pratiques de collaboration et les processus chez Créaludo :

—— *Je vois moi aussi dans ce projet un laboratoire, mais pas tellement par rapport au marché. Il s'agit plutôt de nous essayer à de nouvelles façons de faire, sans perturber tout le reste de notre organisation. Il doit être à mon sens précurseur. Sans doute pouvez-vous trouver dans mon jugement l'expression de mon programme d'amélioration continue. Pourtant, je crois qu'il ne s'agit pas seulement de faire mieux mais surtout de faire autrement. Il faudra absolument que nous apprenions de cette expérience. Dans ce cas, même si nous ne vendions pas autant de robots que nous le souhaitons, nous nous serions enrichis.*

Quand Charles prit la parole, on eut le sentiment qu'il tentait d'intégrer ce qu'il venait d'entendre en même temps qu'il essayait de faire passer sa vision des choses.

— *Ce projet est effectivement une première, et je suis prêt à accepter le fait qu'il soit explo-ratoire et donc de lui laisser un peu de souplesse. De même, je serais heureux qu'il élar-gisse notre base de clientèle, mais je ne veux pas non plus changer de métier en nous dispersant, et sur ce point je rejoins Gaël dans ses réserves. On ne fait pas des gadgets ici. Je veux que ce projet, s'il doit aller à son terme, soit en lui-même rentable, j'entends économiquement rentable. Nous devons nous laisser la liberté de l'interrompre s'il ne devait pas tenir ses promesses. Comment pensez-vous travailler Pascal ?*

Reprenant les éléments de sa discussion avec Amin, Pascal se prit à jouer son rôle, comme un acteur le ferait. Il se voyait jouer la pièce, un peu comme s'il avait créé une distance entre lui et son personnage. Il présenta fermement sa démarche :

— *Tout d'abord, je vous propose de baptiser ce projet. Le nom de Zumanoïdes m'est venu à l'esprit. En lui donnant ce nom, je veux avec vous commencer à lui créer une identité.*

— *N'y a-t-il pas des choses plus essentielles dont vous vouliez nous faire part ?* ques-tionna Charles Duprès avec l'ironie dont il ne pouvait se départir.

— *Il ne faut pas sous-estimer la nécessité de créer une image comme une identité dans l'entreprise pour Zumanoïdes. Ce n'est pas de la cosmétique !*

Pascal reprenait ainsi l'un des arguments favoris de Amin, avant d'ajouter :

— *Je vais organiser dans les prochains jours une réunion consultative au cours de laquelle je vais présenter les grands traits du projet Zumanoïdes et voir comment les gens le per-çoivent. Je pense inviter notamment l'équipe marketing, si vous le voulez bien Gaël, le gestionnaire des réseaux de distribution, le responsable de l'industrialisation, notre res-ponsable du contrôle de gestion.*

— *Ce n'est pas un peu tôt ?* demanda Paul, visiblement peu ravi de voir tout ce monde se mêler du projet.

— *Il faut que nous levions un maximum de lièvres le plus tôt possible. Il ne faut pas atten-dre que tout soit conçu, avant de voir ce qu'en pensent les gens de l'aval, par exemple dans les réseaux de distribution. Sur la base de cette réunion, je vais écrire les lignes de force du projet, présenter ses grandes phases et mettre à plat les règles du jeu avec les res-ponsables de métiers dont je vais avoir besoin.*

— *Je pensais à quelque chose de plus léger, de moins formel pour cette première réunion. Je crains que les gens pensent que vous en profitiez pour vous placer auprès de la direction,* lança Paul, en cherchant Charles du regard.

—— *C'est l'inverse, c'est à la direction de se rapprocher de ce projet, qui n'est pas le mien d'ailleurs, mais bien celui de Créaludo. Et puis, j'aurai la légitimité que vous m'aiderez à avoir, en appuyant mes décisions et mes demandes.*

Gérard pensa que, décidément, ce projet avait fait beaucoup de bien à Pascal, et en très peu de temps. Mais il lui semblait que les quelques passes d'armes avec les autres membres du comité de pilotage laissaient présager la nécessité de jouer en finesse à l'avenir.

—— *Au fait !* ajouta Pascal, *j'aimerais récupérer les trois bureaux et la salle qui sert de stockage pour les produits événementiels, au rez-de-chaussée du bâtiment A. Je me propose d'y établir mes quartiers lorsque je ne serai pas à la production, et de reconvertir la salle en « project room ». Je vais demander aux gars des travaux de rafraîchir tout cela simplement mais rapidement. De toute façon, il y en avait besoin.*

Finalement cette réunion s'était assez bien passée, et Pascal avait le sentiment d'avoir fait passer l'essentiel des messages donnés par Amin. Mais il l'avait beaucoup joué au bluff, et il n'était pas certain de pouvoir rééditer cet exploit très souvent.

Ses sentiments étaient confus. Il s'était grisé à imposer des décisions. Il savait bien que le Copil lui ferait payer cher d'avoir pris son autonomie en cas d'échec. Il avait pourtant « carte blanche », selon l'expression de Paul Lachenal, le soir du comité de direction qui avait lancé cette opération. À quel jeu jouait-on ? Quel était son réel degré de liberté ?

En tout cas, Pascal avait acquis la certitude qu'il était désormais indispensable, pour de nombreuses raisons, d'élargir le cercle de ceux qui seraient impliqués dans le projet.

La réunion consultative était prévue en début de la « semaine 3 » du projet. Pascal avait préparé pour l'occasion une présentation très professionnelle, mais centrée uniquement sur les objectifs du projet. Il voulait laisser la porte ouverte au dialogue, pour que chacun puisse réagir.

Finalement, dans cette réunion, Pascal avait assez peu parlé du produit lui-même. Et ce fut d'ailleurs le sujet de la première question à l'issue de sa présentation.

—— *Comment en est-on arrivé à choisir un robot à visage humain pour répondre à ces ambitions ?* demanda Luigi, le responsable de l'animation du réseau de distribution.

—— *Pour être honnête, on peut dire que c'est l'idée de ce produit qui nous a conduits à nous reposer ces questions. Comme si la solution avait précédé le problème. Disons qu'il a été un déclencheur.*

— *Tu nous dis finalement qu'il est possible que ce nouveau projet soit le début d'une succession de produits dans cet esprit ? C'est un vrai programme ! Qu'est-ce qui est réellement prévu ?*

La question était posée avec l'accent malicieux du Sud-Ouest de Georges Abadie, le contrôleur de gestion, l'un des proches de Charles Duprès. Un peu gêné de s'être emballé dans de telles spéculations, qui avaient tout juste été évoquées en Copil, Pascal voulut minimiser.

— *Rien n'est programmé. Disons que ce peut être une tendance de fond, mais il est vrai que si nous échouons dans ce projet, il sera difficile d'en lancer d'autres. Nous devons apprendre à apprendre. Ce type d'organisation s'est largement développé dans nos métiers. Il serait temps que l'on s'y mette nous aussi.*

— *Attends un peu ! Je ne suis pas contre essayer de faire un nouveau produit, mais il ne faut pas se mettre à singer les autres avec de grands discours stratégiques. Nous, on a une culture différente, on a toujours défendu un travail de qualité, centré sur le produit, avec une bonne maîtrise de nos outils, qui au passage nous permet de maintenir bon an mal an notre marge opérationnelle.*

La remarque d'Henri Maire, le directeur industriel, le propre chef de Pascal, ne manquait pas de poids.

— *Je ne dis pas que nous engageons une révolution, mais que nous allons tenter des évolutions successives, et ensemble. Dans le secteur nous ne sommes encore qu'une grosse PME et nous devons jouer sur la souplesse là où d'autres jouent sur la taille. Ce robot sera le prétexte pour nous essayer dans ces évolutions, et sans perdre notre âme. Je vous demande à tous de passer un peu de temps sur le dossier du projet que je viens de vous remettre. Je vous demande d'en parler entre vous et avec moi. Je souhaite avoir toutes vos remarques, vos idées. Nous pourrons nous retrouver ici quand vous le voulez. J'ai constitué sur l'intranet une base d'échanges avec la possibilité de vous solliciter dans vos agendas. C'est tout frais, comme la peinture de cette nouvelle salle de réunion. Je vous propose d'y travailler pendant les quinze prochains jours. Ensuite nous engagerons l'analyse de faisabilité proprement dite. Il nous faut arriver à identifier les possibles problèmes, en interne et avec nos partenaires. Le Copil m'a affecté un très petit budget pour cette exploration. Vos contributions pour le moment seront donc globalement gracieuses. Je sais que ce n'est pas évident en ce moment, mais à l'avenir, si le projet est confirmé, nous pourrons évidemment rétribuer le travail de vos équipes.*

Pascal avait réussi à susciter l'intérêt, même s'il était conscient que le soufflé pouvait retomber à tout moment face aux premières difficultés ou si les « barons » faisaient donner l'artillerie. C'est pourquoi il décida d'entretenir très rapidement la flamme en faisant circuler les premiers commentaires des uns et des autres. Pascal joua le rôle de modérateur de ce « chat » interne. Il ne se positionna pas comme acteur central mais laissa se structurer les échanges. Il recadra à trois ou quatre occasions et avec tact ceux qui sortaient de leur lettre de mission. Il classa les remarques par rubriques, donna ses propres commentaires et n'hésita pas à utiliser l'humour pour répondre à certaines réactions. Il utilisa la « Hum-Hum attitude » d'Amin, Humour et Humilité !

Il s'aperçut ainsi que les plus actifs n'étaient pas nécessairement ceux qui avaient pris la parole pendant la réunion. Visiblement, certains lui faisaient passer le message qu'ils voulaient s'impliquer davantage dans l'opération. Et cela brouilla un peu ses idées préconçues sur l'équipe. Il avait en effet imaginé sa *dream team*, mais là il sentait qu'une autre dynamique était en œuvre.

Sa *dream team* de cinq personnes était composée d'experts reconnus dans l'entreprise, chacun incontestable dans sa spécialité. Mais rien ne disait qu'ils seraient volontaires. Et puis, si leur expertise avait quelque chose de rassurant, Pascal ne voyait pas trop comment réussir l'assemblage de ces fortes individualités.

Maintenant, il savait qu'en plus deux ou trois autres personnes très actives dans les échanges étaient prêtes à monter dans la barque. Comme par hasard, c'étaient plutôt des jeunes.

N'ayant pas de critères précis de choix pour ces « recrutements », Pascal décida d'aller à la rencontre de sa possible équipe. Il saisit un peu maladroitement chaque occasion pour évoquer le projet avec eux. Que ce soit au self de l'entreprise, au sacro-saint café du matin, et même lors d'un barbecue de début de printemps organisé justement par l'un d'entre eux.

Le ton était clairement celui de la séduction. Pascal essayait de convaincre que le projet serait valorisant par ses objectifs, ses défis techniques, le mode de fonctionnement. Mais il ajouta aussi que c'était une occasion de partager ensemble une aventure, de travailler dans un contexte plus convivial, sans hiérarchie, en se faisant plaisir. Sur les cinq qu'il avait approchés, Philippe et Sylvie avaient visiblement bien accroché, Jean-Baptiste était d'accord sur le principe, mais doutait de sa capacité à dégager du temps et ne pensait pas obtenir facilement l'accord de sa direction. Roland et José avaient quant à eux bien fait comprendre qu'ils n'adhéraient pas à cette démarche ou, en tout cas, qu'ils ne souhaitaient pas travailler en dehors du cadre habituel qui était le leur. Il n'y avait pas d'espoir de les avoir dans le groupe.

En se rapprochant des trois qui s'étaient fait connaître au travers des échanges sur l'intranet, Pascal comprit que seulement deux avaient à la fois un minimum de compétences et d'expérience pour lui être vraiment utile. Franck et Greg faisaient partie de la dernière vague d'embauche il y a trois ans.

La présentation de la liste des personnes qui seraient impliquées dans le projet (Philippe, Sylvie, Jean-Baptiste, Frank, Greg), « semaine 5 », au Copil n'avait pas manqué de provoquer une vive réaction de Charles :

— *Dites Pascal, vous croyez faire votre marché ? Il y a des règles dans cette maison. Avant d'approcher l'un ou l'autre, vous devez en parler à leur responsable. Vous n'avez pas tous les éléments en main pour la constitution de l'équipe. Chacun d'eux va devoir libérer entre 15 et 30 % de son temps. Cela va faire un trou dans le potentiel de leurs services. Nous ne sommes qu'une PME et tout le monde est indispensable.*

— *D'autant que je ne vois pas de commerciaux dans votre équipe,* ajouta Paul.

— *Attendez, vous m'aviez bien donné carte blanche, et je devais revenir vous voir avec une liste, nous étions bien d'accord là-dessus !*

Pascal semblait perdre son calme. Il n'avait plus l'assurance de la dernière réunion. Il jouait moins bien le rôle, comme si le costume était devenu subitement trop grand.

— *Nous dirons que ce ne sont que des propositions ; tu as fait des coups de sonde un peu trop appuyés, voilà tout. À nous de voir ce que l'on peut faire à partir de cette liste !*

La médiation de Gérard montrait à l'évidence que Pascal était entré dans ce projet comme un éléphant dans un magasin de porcelaine.

— *Quelles seraient vos propositions ?* relança Pascal pour ne pas perdre la main.

— *Je crois,* reprit Charles, *qu'il vous faut un homme du contrôle de gestion pour veiller au pilotage économique. Je suis certain que Georges Abadie serait prêt à vous donner un coup de main. De même, la partie client doit aussi être intégrée. Et là je laisse Paul proposer quelqu'un.*

— *Oui, je crois que Lætitia Dumont serait la bonne personne. Elle rentre de congé parental, et n'est pas staffée en ce moment. On peut facilement lui dégager 30 % de son temps.*

— *D'accord, mais cela veut dire que je dois renoncer à d'autres personnes dans l'équipe,* s'inquiéta Pascal.

— *Pas nécessairement ! Tu devras seulement recourir à leur service avec parcimonie,* proposa Gérard. *Et il se peut que tu n'aies pas besoin d'eux tout au long des dix-huit mois. Ne les fais entrer en scène que lorsque leur aide est nécessaire. Une équipe projet, c'est vivant, ça évolue avec le projet.*

— *OK, j'ai donc votre accord sur cette liste. Je me propose de les réunir prochainement pour boucler le dossier de faisabilité. Je vous tiens au courant !*

Pascal avait un ressenti étrange. D'une part il savait bien que Georges serait « l'œil de Moscou » pour Charles, et que Lætitia était mise là surtout parce que Paul n'avait rien de particulier à lui donner à faire. Et en même temps, comment aurait-il fait sans contrôle de gestion et sans la relation client ? En réfléchissant à ses décisions, comme Amin lui avait proposé de le faire de temps en temps, il lui semblait que, malgré lui, il avait encore réduit le projet à une affaire technique.

Maintenant, il fallait passer d'une liste de noms à une équipe ! Il fallait d'urgence les focaliser sur l'essentiel, et partager sur leurs représentations du projet à partir de choses concrètes. Le caractère participatif de la démarche avait permis à Pascal d'enrichir profondément sa propre vision du projet. Mais il ne fallait pas en rester à une diversité de positions, aussi riche soit-elle.

Lors de la première réunion de l'équipe projet Zumanoïdes, Pascal a eu le sentiment que la sauce avait du mal à prendre. Il avait imaginé un clivage anciens/jeunes, ou techniciens/gestionnaires, ou bien experts/généralistes. Mais Pascal s'attendait moins à ce que ceux qui avaient participé au lancement de la ligne Zandroïdes, Philippe et Jean-Baptiste, le fassent ressentir aux autres.

Alors Pascal sortit les échantillons d'étoffe envoyés par Fang. Il les fit passer autour de la table.

— *Mais pourquoi ne pas avoir confié ce travail à la cellule développement dès le départ. Nous l'aurions inscrit au programme. Je ne dois pas vous rappeler que c'est nous qui avions lancé l'opération Zandroïdes.*

Philippe était clairement en train de contester le leadership de Pascal.

— *Je te rassure, c'est bien du fait de votre expérience que le Copil a validé ma demande de vous avoir dans ce groupe. Si on ne regarde que les robots, bien sûr tu as raison, mais le projet dépasse un simple développement. Nous allons réfléchir aussi à l'organisation industrielle de la ligne, nos relations avec nos fournisseurs et nos partenaires, le positionnement de ces produits dans le marché… On doit tout envisager, et c'est pour cela que nous sommes une équipe aussi diversifiée.*

Pascal essayait de ménager la susceptibilité de Philippe. Car, en effet, pourquoi ce n'était pas lui qui gérait ce projet ? Il avait l'antériorité, un service dédié, une histoire avec les Zandroïdes. Pascal n'était lui-même pas très convaincu de sa propre réponse. Il s'était un peu écouté parler !

— *Pourquoi veux-tu remettre en question les partenariats que nous avons mis si longtemps à mettre en place ?* questionna Jean-Baptiste. *On n'est pas là pour faire de la stratégie, ça nous dépasse !*

— *Tu as raison. Je dis simplement que cela peut être une possibilité. Nous devons l'envisager. Et il ne s'agit pas de tout remettre en cause, mais d'avoir des modalités particulières pour ce produit qui sera différent de tous les autres de l'entreprise.*

Pascal devait rassurer, et surtout montrer que rien n'était décidé *a priori*. Qu'il fallait que chacun se mette au travail.

— *OK, mais on fait quoi maintenant ?* demanda Franck *qui semblait un peu fatigué de ces ronds de jambe.*

— *On va monter notre dossier d'étude de faisabilité. Je vais demander à chacun d'entre vous de creuser une partie du projet. Évidemment, Sylvie, je te propose d'étudier les éventuels points durs en termes de conception, Philippe vous pouvez analyser les moyens humains et matériels dont nous aurons besoin, Jean-Baptiste je te propose d'étudier l'impact de cette peau sur le fonctionnement de notre électronique, quant à Greg, je crois important que tu travailles avec Sylvie, Philippe et Jean-Baptiste sur les effets de structure. Franck, j'aimerais que tu m'assistes dans la planification et l'organisation du projet. Lætitia, votre rôle va être de sonder discrètement ce que nous pensons être le marché pertinent. Enfin, Georges, je crois important que vous rencontriez tout le monde pour établir les premières estimations budgétaires.*

Pascal venait de conclure sa réunion en demandant que ces études préliminaires soient bouclées dans les huit semaines.

Exactement deux mois plus tard, l'équipe était assez fière d'avoir réussi à produire l'étude de faisabilité dans un temps si court. Greg avait montré de très bonnes capacités pour fonctionner avec ces fortes personnalités que sont Sylvie, Philippe et Jean-Baptiste. Même Georges avait évité les sarcasmes. L'idée d'un apéro dînatoire s'était imposée pour fêter le franchissement de cette étape. Il semblait à Pascal que le plus dur était fait. Ce n'était qu'une impression.

4 | L'interrogation

En ce lundi 21 août, Pascal ne ressentait pas le poids habituel du retour à l'usine. En fait, il lui tardait même de reprendre le collier.

Il les avait pourtant bien méritées ces trois semaines de congés. L'air de l'océan pris sur la plage de Lacanau avait permis à tout le monde de se vivifier. Mais paradoxalement, Pascal n'en avait pas tout à fait profité. Les soirées d'été furent douces, et les enfants rayonnaient plus bronzés et espiègles que jamais. Mais il lui pesait le sentiment étrange de ne pas être au bon endroit, de perdre du temps. Heureusement, Marie n'avait, semble-t-il, rien remarqué de cette tension insidieuse qui l'avait empêché de lâcher prise, et de se reposer réellement.

Dans une douce lumière bleutée en cette heure matinale, Marie venait de le rejoindre sur la terrasse. Son pas léger n'avait pas sorti Pascal de ses songes. C'est la main posée délicatement sur la nuque de son mari qu'elle engagea la conversation.

— *Tu es déjà prêt à partir ? Il n'est que 6 h 20. Et ton café ? Tu n'y as pas touché.*

— *Excuse-moi de t'avoir réveillée. Mais je veux arriver tôt, un peu avant tout le monde, pour liquider les problèmes qui ont dû s'accumuler depuis que nous sommes partis.*

— *Tu sais, l'usine était fermée et tu es parmi les premiers à rentrer. Je ne vois pas quels problèmes nouveaux ont pu arriver. Tu m'avais l'air très concentré il y a 2 minutes. À quoi pensais-tu ?*

— *À vrai dire à rien de précis. Je me remettais un peu dans le bain. En essayant d'anticiper un peu ma journée, en visualisant la semaine à venir.*

— *Tu n'oublies pas que ce soir nous sommes invités chez Camille et Hervé. Tu sais qu'ils ont reçu l'agrément pour l'adoption d'une petite fille au Vietnam. Ils partent à la fin de la semaine et pour un mois.*

— *Bien sûr, cela m'était un peu sorti de l'esprit, mais pas de problème. À quelle heure ?*

— *C'est encore l'été. Ils voudraient que l'on dîne dehors. Disons, qu'on doit y être pour 19 heures au plus tard.*

Déjà debout, Pascal ingurgita rapidement son café, un petit rictus au coin des lèvres qui confirma à Marie que le café était froid. Même pendant les quelques minutes que dura le trajet en voiture jusqu'à l'usine, sa conduite fut machinale.

C'est qu'à vouloir se mettre dans le bain, Pascal avait l'impression de s'y être mis jusqu'au cou.

L'objectif de l'automne était bien de trouver les solutions techniques par des études de définition plus poussées.

La nouvelle pression ressentie cet été avait fait prendre conscience à Pascal qu'il y avait un besoin urgent de mieux structurer et d'organiser le déroulement du projet, et surtout de le professionnaliser. Mais il était, au sens propre comme au figuré, bien désarmé dans ce domaine.

Curieusement, Pascal s'arrêta de penser au projet au moment même où il mit la main sur sa poignée de porte de bureau.

Il alluma les néons qui peinèrent à reprendre du service, et alla s'asseoir devant son terminal pour ouvrir le système de gestion de production. Dans une lueur blafarde, l'écran d'accueil de son ERP l'invita à choisir ses opérations. Il voulait valider le planning pour la reprise de la production prévue le lendemain à 8 heures. La réunion de service était prévue quant à elle dans moins de trois heures, et il fallait que tout soit prêt.

Depuis qu'il s'occupait du projet Zumanoïdes, il cherchait à économiser son temps. Les réunions étaient très cadrées, les objectifs clairement exposés. Une belle efficacité qui se faisait sans doute un peu au détriment de la convivialité d'autrefois, lorsque la discussion s'enrichissait de l'évocation de petits détails qui permettait à tout le monde de participer, de jouer un rôle, et de temps de temps de révéler des réels dysfonctionnements.

Mais désormais c'est comme si Pascal avait aussi délégué à Jean-Claude, son contremaître, les relations humaines, en plus du suivi des affaires courantes.

Pascal prenait de plus en plus sur son temps de déjeuner pour aller dans son second bureau pour travailler sur le projet en temps masqué. Aujourd'hui, il voulait réfléchir à la réactivation de la dynamique d'équipe, et paradoxalement cela le touchait.

Avant de partir en congés, tous les membres de l'équipe projet avaient inscrit sur leur agenda la date de la prochaine réunion. Elle devait avoir lieu vendredi prochain, le 25 août. Cela laissait un peu de temps à ceux qui venaient de rentrer de congés de relancer sereinement leurs activités. Et puis, cela ne voulait pas dire qu'ils n'avaient rien à faire sur le projet d'ici là.

Dans l'intervalle, Pascal voulait quant à lui identifier les outils qui allaient pouvoir l'aider à effectivement structurer, budgéter, gérer les ressources et piloter son projet. C'est ce qu'il commença à faire en passant un coup de fil à Amin qui lui avait promis de faire le point sur le sujet.

— *Salut Amin, tu vas bien ?*

— *Ça va plutôt bien, oui. De retour du Sud tunisien, chez mes parents, j'apprends par le boss que je viens de gagner un contrat sensible. Avec ça, je pense pouvoir entrer dans le cercle des élus, des futurs associés. Enfin si tout se passe bien !*

— *Félicitations !*

— *Merci. Il s'agit d'un fonds d'investissement qui se trouve en Irlande. On m'impose d'être à mi-temps sur place. Je pars demain.*

— *Je devine que ta disponibilité pour moi va en prendre un coup.*

— *Il faudra surtout qu'on s'organise. Je ne pourrai plus réagir au quart de tour. Il faudra planifier un peu plus qu'aujourd'hui. Et puis attention, l'aide que je t'apporte n'est pas une mission de conseil, ce sont juste des discussions entre amis de vieille date.*

— *S'organiser, planifier… c'est bien le sujet du jour. Que me recommandes-tu comme outils de gestion ? Tu devais faire le tour des offres du moment.*

— *Tout d'abord j'ai un petit message à te passer, même si on en a déjà parlé. Un outil reste un outil ! C'est la manière de s'en servir qui est cruciale. Son paramétrage, la source des informations, leur interprétation, leur usage… Mieux vaut faire simple, quitte à être moins précis.*

— *Tu prépares le terrain ? Ça veut dire qu'il va falloir que je me contente de bricoler avec des outils un peu rustiques ?*

— *Non, je te propose des outils simples d'usage, je n'ai pas dit simplistes ! Ton projet est déjà bien engagé, et ce n'est pas neutre. Il faut quelque chose de rapide à mettre en place, et qui ne demande pas une trop grande culture projet, car c'est grosso modo le premier que vous gérez comme un véritable projet.*

— *Oui, mais je comptais sur des outils suffisamment solides pour imposer aux équipes des règles de gestion éprouvées que j'aurai du mal à décréter seul.*

— *Là je suis d'accord. Je crois que dans votre cas, les outils vont vous aider à faire de la gestion de projet. Mais évitons le coup trop classique des outils magnifiques en démonstration, mais qui demandent deux ans avant d'être opérationnels chez le client.*

— *Quelle est ta vision de la solution ?*

— *Dans ton cas, je te préconise de te rapprocher de quelques offres combinées de workflow et de gestion de projet en mode ASP.*

— *Quel en est l'intérêt principal ?*

— *Les documents sont partagés dans un gestionnaire électronique de documents. Ils peuvent être modifiés progressivement par la communauté des utilisateurs et on gère des liens dynamiques entre eux. Cela permet aussi le suivi des réunions, des décisions… La partie projet contient des basiques de structuration de planification, de valorisation et de budgétisation. Le fait que les bases de données soient partagées est essentiel à la cohérence de l'information. Elles sont gérées de manière centrale, et certains prestataires proposent de les gérer eux-mêmes et d'assurer la sécurisation des données. Cela t'évite en gros de passer par ton service informatique, qui sera plus long à réagir je pense.*

— *OK, mais ne pas gérer l'information chez nous est-ce gênant ?*

— *C'est plutôt une question politique. Les trois offres que je te propose sont solides, les entreprises qui sont derrière aussi. À mon avis, vous n'avez pas le temps de vous occuper de tout cela. Vous verrez à l'avenir sur d'autres projets s'il est pertinent de rapatrier vos bases. Pour l'instant il te faut quelque chose de rapidement opérationnel, de communicant entre les intervenants.*

— *Et cela coûte cher ?*

— *Il n'y a rien de gratuit, sauf moi ! Je vais te passer les coordonnées des trois commerciaux par mail. Appelle-les de ma part, je les fais pas mal travailler par ailleurs, cela te donnera un peu de garantie. Et je pourrai t'aider à cadrer la négociation sur le prix à l'occasion.*

Fort de ces trois offres qu'il a pu comparer assez facilement, Pascal avait pour idée de proposer dès la réunion du 25 août que deux membres de l'équipe s'associent à lui pour tester rapidement les outils et leur adéquation au projet. Il fallait que le dispositif soit totalement opérationnel d'ici la fin septembre, et avant si possible, pour prendre en charge la structuration du projet.

À 18 h 20, Pascal entendit sonner l'alarme de son PDA. Il n'était pas repassé à son bureau au-dessus de l'usine. Il était tard pour faire un crochet car il avait juste le temps de retourner à la maison pour prendre Marie et aller chez leurs amis. C'est à ce moment que Gérard Lesage entra dans son bureau.

— *Dis, Pascal, tu as entendu les informations aujourd'hui ?*

— *Je dois avouer que non, je suis là depuis ce matin 6 h 30 et je n'ai pas arrêté.*

— *C'est Simob.*

— *Qu'est-ce qu'il leur arrive ? Ils ont encore inventé un jouet farfelu ?* ironisa Pascal.

— *Non, ils viennent de fermer ! Tiens, prenons le flash de 18 h 30. C'est en boucle depuis ce matin.*

Après deux clics sur le bureau de l'ordinateur de Pascal, Gérard se connecta sur France-Info dont la rengaine habituelle marquait l'arrivée imminente du flash de 18 h 30 : « *Une information de notre correspondant à Grenoble selon lequel de retour de leurs congés, les salariés de Simob, fabricant de jouets bien connu de plusieurs générations d'enfants, auraient trouvé tôt ce matin leur usine fermée. L'essentiel des machines ont visiblement été démontées pendant l'été. Nous aurons le témoignage du représentant en France de Farpinvest, propriétaire de Simob, dans notre édition de 19 heures…* »

Bien que Simob soit concurrent de Créaludo, cette nouvelle allait attrister tout le monde. Par leur histoire et leur culture, toutes ces entreprises se considéraient comme consœurs. Et l'avenir des unes pouvait laisser présager celui des autres.

Avec Simob ! C'était la troisième fermeture en très peu de temps. Tout le monde les pensait pourtant sortis d'affaire lorsque le fonds d'investissement Farpinvest avait repris l'entreprise il y a trois ans. C'est que Simob avait de belles marques et une forte notoriété. Le problème, c'étaient les coûts de production, qu'il fallait à chaque fois revoir à la baisse, ce qui nuisait à leur capacité à sortir des produits nouveaux, mais une gestion modernisée aurait dû suffire à faire la différence.

— *Tu en penses quoi Gérard ?* demanda Pascal finalement intrigué par le fait que Gérard soit venu le voir pour échanger sur cette information.

— *Écoute, j'ai comme le pressentiment que cela va mettre le moral en berne dans la profession. Tout le monde devra serrer les boulons et faire profil bas.*

— *Et alors ? C'est quoi le message ?*

— *Il faut que nous nous préparions à un coup de froid sur les investissements pour maintenir les rentabilités.*

— *Tu ne penses tout de même pas que…*

— *… que le projet Zumanoïdes doit être arrêté ? Sincèrement, je n'en sais rien. Mais à mon avis si tu veux que ce projet sorte, il faudrait accélérer. Passer rapidement à une phase irréversible.*

— *Attends, si ce projet ne devait plus être prioritaire, je ne veux forcer la main de personne. Je ne suis pas au Codir ! Et puis, c'est déjà assez compliqué comme cela pour ne pas en rajouter,* reprit Pascal un peu dépassé par les événements, et surtout incrédule sur la démarche.

— *Moi, j'y suis au Codir. Et nous sommes quelques-uns à penser que vouloir tirer uniquement les coûts vers le bas ne peut être une stratégie gagnante à terme pour une PME* comme la nôtre ; Simob en est l'illustration. Cette logique financière est à court terme. Farpinvest va se payer sur les marques et tout faire produire en Chine.

— *Et quelle est l'autre solution ?*

— *Notre idée est que Créaludo s'en sortira en augmentant progressivement la part de son portefeuille sur des niches haut de gamme. Le salut passe par la valeur ajoutée pour les clients. Il faut qu'on puisse protéger 25 % de notre CA et 35 % de notre rentabilité là-dessus.*

— *En gros, si je comprends bien, notre projet de robots devra faire la démonstration que votre position est tenable, c'est bien ça !*

— *Tu vois, la contrainte devient une opportunité pour toi,* dit Gérard en souriant.

— *Ouais, j'ai aussi le sentiment d'être une belle opportunité pour quelques-uns ! Et Lachenal là-dedans, de quel côté il se trouve ?*

— *Ça dépend du vent… À nous de le faire souffler dans le bon sens !*

Si la complexité de la situation était réelle pour le projet, ce n'était sans doute rien à côté de ce qui attendait Pascal, toujours pas parti du bureau à 19 h 15. Bien que le retour ne prît que dix minutes, il alluma la radio pour entendre la fin de l'interview du représentant de Farpinvest qui affirmait « être désolé de la situation. Les prix asiatiques étaient beaucoup trop bas pour lutter… le départ précipité des machines venait d'une opportunité de pouvoir maintenir la production au plus vite… le site français allait pouvoir maintenir une activité de logistique… pour les autres, un plan de sauvegarde de l'emploi allait être lancé ! » Et le représentant de Farpinvest de regretter la lourdeur du droit du travail, pas aussi souple qu'en Irlande où siège son entreprise.

Quelle ironie, pensa Pascal. Un fonds d'investissement, avec une réputation sulfureuse, établi en Irlande. Maintenant Pascal comprenait mieux pourquoi Amin ne pourrait plus rester en contact avec lui. Il venait de prendre un sacré coup au moral.

L'accueil de Marie fut glacial, et mit le coup de grâce. Sans un mot elle fit monter les enfants dans la voiture pour aller chez Camille et Hervé. Il était inutile de chercher à discuter dans ces moments-là, et pourtant Pascal en aurait bien eu besoin.

Il fallut faire face tout au long de la soirée. Pascal voyait bien que Marie cherchait à éviter son regard pour ne pas s'agacer davantage. Son sang méditerranéen aurait pu ne faire qu'un tour. Et puis, le sujet, ce n'était pas lui et ses tracasseries du travail mais bien ce qui attendait Camille et Hervé. Depuis tout ce temps que les associations d'adoption avaient soufflé le chaud et le froid. Ils allaient enfin partir chercher leur enfant. En voilà un projet important, sans cesse repoussé de six mois en six mois. Dans la discussion qui ne manqua pas de s'engager sur leur adoption, Pascal vint sur le terrain de cette longue attente.

— *C'est vrai que nous en parlons sereinement, mais c'est parce que nous sommes au bout du tunnel,* répondit Hervé. *Cela n'a pas été facile pendant ces deux ans. Notre force a été de progressivement nous construire un rapport au temps qui nous était propre. Nous prenions les dates de départ comme des possibilités, mais sans nous y arrêter… Nous regardions au-delà. On a calmé le jeu, on s'est inscrit dans la durée. Et d'ailleurs, notre envie n'est pas d'adopter un enfant, mais de fonder une famille pour les dizaines d'années à venir. Alors quelques mois de décalage c'est dur sur le moment, mais si on se projette sur notre projet de vie, cela peut s'accepter…*

Hervé venait, sans le vouloir, de donner une leçon de vie à Pascal. Et puis cela l'a amené à relativiser l'importance de son projet. Il n'était pas essentiel à sa vie. Il fallait pouvoir replacer les choses en perspective. C'est un projet, dans le cadre de son entreprise. Là, il était en train de gâcher quelques bons moments avec Marie et ses enfants. Il fallait faire plus attention. Pourquoi lui ne pouvait-il pas faire davantage la part des choses entre les problèmes qu'il rencontrait au quotidien et les raisons profondes qui l'avaient amené à accepter le risque de ce projet ? Finalement, il attendait de ce projet de faire bouger les choses. Très bien ! S'il était réussi, il est probable qu'on lui confierait de nouvelles responsabilités. S'il échouait, cela bougerait aussi. Au moins les choses auront décanté.

Ce vendredi matin, la réunion devait débuter à 9 h 30. Et pourtant, à presque 10 heures manquaient toujours Georges Abadie et Philippe Ecoiffier. Une fois les tasses à café vidées, et les anecdotes de vacances épuisées, Pascal sentit que les membres du groupe attendaient une décision de sa part. Fallait-il reporter la réunion, se mettre à la recherche de Georges et de Philippe ou commencer comme si de rien n'était ?

Mais pourquoi n'avait-il pas passé un petit coup de fil à tout le monde pour s'assurer de leur présence aujourd'hui ?

— *Bon, je crois que l'on va démarrer. Installez-vous ! Je passe un rapide coup de fil pour voir quand Georges et Philippe pourront nous rejoindre.*

Pascal ne prit pas son portable, mais alla téléphoner avec le téléphone du bureau d'à côté. Curieusement, les discussions un peu futiles du début de matinée avaient laissé place à une certaine pesanteur.

— *Vous les avez croisés Georges ou Philippe depuis le début de la semaine ?* demanda Franck.

— *Pas plus que nous nous sommes rencontrés les uns les autres à vrai dire,* reprit Sylvie.

— *Oui, la semaine a été un peu speed, je n'ai rien vu passer et je n'ai pas pensé à vous appeler ou à déjeuner avec l'un ou l'autre. C'est que l'on a tous nos activités principales à gérer !*

Suivie d'un long silence, la phrase de Jean-Baptiste ajouta au malaise.

— *La morale de cette histoire est que nous ne formons pas encore tout à fait une équipe. On n'a pas d'automatisme entre nous et pas assez de connivence. On n'est jamais certain que tout le monde sera là aux réunions. Ce retard est pour moi plus qu'un retard, c'est un message.* L'analyse de Greg Juliard était juste comme à son habitude.

De retour dans la salle de réunion, Pascal enchaîna :

— *Bon, on y va ! Georges est en réunion chez Charles Duprès, notre PDG. Visiblement, c'est important et il ne pourra pas nous rejoindre. Pour Philippe, il avait juste perdu ses rendez-vous à cause d'une panne de son Palm. Il termine ce qu'il est en train de faire et nous rejoint. On attaque l'ordre du jour.*

Le bilan de la réunion était mitigé. Personne n'avait vraiment eu le temps de relancer ses travaux sur le projet.

Pascal décida de taper du poing sur la table, même s'il ne savait pas bien où cela allait le mener.

— *Bon, si on continue comme cela, on se plante. C'est ce que vous voulez ?*

Pascal mit de la solennité dans son intervention.

— *Hé ! ne t'énerve pas ! Laisse-nous plutôt le temps d'avancer,* s'indigna Lætitia, toujours sur la défensive.

— *Soyons clairs, je sais que nous sommes dans un planning exigeant, mais là nous ne sommes pas dans le bon niveau d'implication. Personne n'a vraiment essayé d'avancer. Vous ne vous êtes pas appelé les uns les autres pour vous donner un coup de main. Vous ne m'avez pas non plus sollicité.*

— *Tu n'as pas appelé non plus. Et ce n'est peut-être pas comme cela que tu vas nous motiver !* ironisa Philippe qui avait rejoint la réunion depuis une heure environ.

— *Écoute Philippe, nous ne sommes pas des gamins. Il y a aussi un temps pour se dire les choses, et autant le faire maintenant. Je considère que nous devons porter ce projet en haut de nos priorités. Que ceux qui ne veulent pas le faire en tirent les conséquences dès maintenant, c'est encore préférable.*

— *OK, je veux bien admettre que l'on n'a pas été aussi incisifs qu'avant l'été, mais la motivation ne se décrète pas. Qu'est-ce que tu nous proposes ?* interrogea Greg.

— *Je vais vous proposer de travailler en groupes restreints. Il faut que nous ayons identifié pour le vendredi 15 septembre la liste des acteurs concernés par les études de définition à venir, avec une appréciation de leur bienveillance ou de leurs éventuelles réticences par rapport au projet. Il nous faut identifier les tâches sensibles du projet pour construire une planification orientée sur la gestion des risques et pas simplement sur l'énumération de tâches. Enfin, chacun devra présenter les besoins en ressources et son niveau effectif de disponibilité sur le projet pour les mois à venir. Nous allons en parallèle monter une petite équipe pour la sélection et la prise en main des outils de gestion informatisés. À partir de la mi-septembre, je veux pouvoir annoncer à nos partenaires en quoi consiste précisément ce projet et engager ensuite les négociations de budget et les affectations de ressources.*

Pendant les trois semaines qui suivirent, les équipes consacrèrent presque 50 % de leur temps à ce travail. Le travail en binôme avait permis de responsabiliser chacun, non seulement vis-à-vis du projet, mais aussi, et plus directement, vis-à-vis d'un membre de l'équipe en particulier.

C'est Pascal lui-même qui engagea la phase de négociation à partir des données recueillies et désormais structurées dans l'outil de gestion du projet. Il avait retenu deux principes de gestion importants, l'un sur la planification, l'autre sur la gestion économique du projet.

Sur la partie planning, Pascal a réuni toute son équipe. Il voulait travailler de manière originale. Il leur a demandé de rêver !

Il voulait que l'on rêve la fin de l'histoire. Les membres de l'équipe ont d'abord visualisé la fin de ce projet comme l'image de quelques palettes de robots, chargées dans trois camions pour une livraison importante. Cette commande venait confirmer le succès d'un premier test chez ce client. À partir de cette petite saynète, Pascal a demandé aux participants de lui expliquer comment ils en étaient arrivés là. Finalement l'ordonnancement global des macrotâches s'est effectué de proche en proche pour arriver au temps présent. Ce qui a impressionné toute l'équipe, c'est la capacité de mise en scène dont chacun avait fait preuve. Cela a obligé à s'intéresser aux interconnexions entre les tâches de toutes les spécialités. On a ainsi mis dans l'outil de gestion un planning maître. Certes il faudrait le détailler puis faire vivre le tout. Mais pour la première fois, tout le monde pouvait partager autour d'une même représentation ce que serait le projet.

Sur le plan du contrôle de gestion, Pascal avait adopté le principe de la « valeur acquise ». Cela implique de définir pour référentiel de gestion d'un lot de travaux la somme des valeurs de toutes les tâches qu'il contient. Chaque tâche a une valeur et un profil de progression défini *a priori* par négociation entre Pascal et chacun des responsables de lots de travaux. Le référentiel du projet, la « base line », est donc constituée de la somme des valeurs de ces tâches, mais des valeurs négociées et non objectives. Ce système de gestion de l'avancement par la valeur acquise lui permettait de prendre en considération la valeur des tâches réellement effectuées, à laquelle on pouvait directement comparer l'engagement de dépense pour la réaliser. Ainsi, une surdépense à un moment donné pouvait s'expliquer par une accélération du rythme initial des travaux. Inversement, des dépenses plus faibles pouvaient être associées à des travaux en panne, et donc à un retard de production.

Si la partie planification avait été un franc succès avec l'équipe, cela n'avait pas été simple pour la coûtenance. Georges Abadie n'acceptait pas cette méthode de valeur acquise. Elle ne répondait pas aux critères traditionnels du contrôle car tout était fondé sur une valeur des tâches négociée et non objective. Pascal ayant trop peu d'expérience, il avait sûrement dû être manipulé par certains responsables de travaux. D'ailleurs, Georges en voulait pour preuve le montant de la renégociation avec MicroEngine. Il dépassait ce que Georges considérait comme admissible. Le rapport de force n'était pas en faveur de Créaludo, et dans le contexte économique de la profession, il considérait que la ligne jaune avait été franchie.

Les réticences de Georges étaient remontées jusqu'à Charles Duprès avant même que le Copil ne se réunisse, fin septembre. Tout était allé très vite. Visiblement, la prophétie de Gérard sur les dommages collatéraux de la fermeture de Simob se réalisait.

Si Georges contournait les règles, il fallait réagir vite. Pascal prit discrètement contact avec Yann de Beers, le responsable de la ligne micromoteurs de MicroEngine avec qui les négociations s'étaient déroulées dans un climat de confiance réellement serein, même si Georges pouvait imaginer que MicroEngine s'était bien servi dans cette opération. Curieusement, deux jours avant le Copil, Yann de Beers passa un coup de fil à Charles Duprès pour le féliciter innocemment pour ce nouveau projet qui correspondait selon lui à une évolution attendue de leur partenariat qui n'avait pas bougé depuis des années.

Plus étonnant encore peut-être fut la visite surprise de Jean Duprès qui prit une demi-heure sur son traditionnel déjeuner avec Gérard Lesage pour passer, seul, visiter les locaux de l'équipe projet après le café. Il se fit présenter par les quelques membres présents à ce moment-là les premiers croquis en trois dimensions du nouveau robot.

— *J'aime beaucoup ce que vous faites tous ensemble ici. Cela me rappelle un peu l'ambiance d'avant, l'aventure, « l'esprit de conquête » comme je disais à l'époque.*

— *Merci Jean, nous sommes très heureux que vous suiviez ce projet personnellement,* reprit Pascal, *heureux qu'il y ait suffisamment de témoins pour que la scène soit restituée fidèlement aux différents intéressés.*

— *Vous savez, ce n'est pas parce que j'ai bientôt 80 ans que je suis sénile. Et tout ce qui touche à l'avenir de mon entreprise m'intéresse. N'oubliez pas que vous travaillez à créer de la valeur pour vos clients, vos équipes, mais aussi pour les actionnaires. Et c'est bien en tant que premier d'entre eux que je viens m'intéresser à ce projet.*

— *Nous serions heureux de bénéficier de l'un de vos conseils pour tirer le meilleur parti de ce projet,* enchaîna aimablement Pascal.

— *Je n'en ai qu'un, mais d'importance ! Méfiez-vous toujours des évidences. Concentrez votre attention sur tout ce qui paraît évident dans votre projet. Ne prenez rien comme donné a priori. Travaillez votre point de vue. Bon courage !*

Le Copil avait été particulièrement tendu. On ne parla pas de l'intervention de Yann de Beers, ni de l'épisode de la visite, la veille, de Jean Duprès. Par contre, Charles fit un acte d'autorité. Il se servit du contexte économique général pour demander à Pascal de réduire son budget de référence de 13 %, sous peine que le projet ne soit gelé en attendant des jours meilleurs. Pourquoi 13 %, personne ne savait d'où sortait ce chiffre. Peut-être Charles était-il superstitieux !

5 | La transformation

Le groupe de travail phosphorait depuis plus de deux heures et quelques-uns commençaient à montrer des signes de fatigue. Mais il ne fallait pas lâcher. Pascal savait bien qu'il lui restait tout au plus une heure utile dans cette session de créativité.

Tous s'étaient bien préparés à ce travail car ils en connaissaient l'enjeu. Nous étions début janvier, à trois mois des premiers essais d'industrialisation. Pourtant, Pascal n'avait toujours pas validé le schéma d'ensemble permettant de réaliser le prototype qui allait servir de base à la présérie.

Une idée trottait dans la tête de Pascal depuis un moment, mais elle n'avait pas encore trouvé de terrain propice pour s'exprimer. C'est Lætitia Dumont qui avait mis le feu aux poudres quinze jours avant, sans même être tout à fait consciente de la portée des informations qu'elle amena. Ses études en matière de perception du produit sur les panels de référence restaient très ambiguës. Certes, il ne s'agissait pas d'une étude de marché, mais juste de demander à des enfants presciptreurs, à des parents clients mais aussi à des distributeurs quelles étaient leurs intentions face à ce produit qui allait tout de même coûter 35 % plus cher que le modèle classique.

Dans la partie qualitative de l'enquête, un certain nombre de jeunes parents mais aussi de distributeurs s'étaient montrés séduits, mais pas pour leurs enfants ou leurs clients. Pour eux-mêmes ! C'est quelque chose qui n'avait pas été repéré tant que ces interlocuteurs n'avaient pas vu le robot en 3D, simulant les mouvements et les attitudes qu'il pouvait prendre.

L'idée de Pascal est que l'on se trompait. Il avait maintenant bien assimilé la phrase du regretté Jean Duprès. Deux mois après la mort du fondateur de l'entreprise – d'une stupide pneumonie dans cet hiver humide –, la phrase qu'il avait laissée à Pascal ne cessait de le tourmenter. Méfiez-vous des évidences ! Cela le ramenait bien longtemps en arrière, il y a pourtant moins d'un an, lorsque Fang lui avait donné cette maxime chinoise : « *Se méfier des solutions que l'on voit, simplement parce qu'elles sont sous une lanterne.* »

Mais pour le moment, il y avait une évidence incontournable : avec la disparition de « Monsieur Jean », de nombreux équilibres n'étaient désormais plus assurés dans l'entreprise. Certes on était encore dans une phase de deuil. Cela interdisait, notamment dans cette entreprise de forte culture familiale, de remettre en cause trop rapidement les positions prises dans les derniers mois de sa vie par « Monsieur Jean ». Mais cela n'allait pas durer !

Pascal voulait profiter de l'œil du cyclone pour percer l'abcès de cette idée saugrenue qu'il ruminait avec Franck Lecœur, son spécialiste en systèmes d'informations, mais aussi avec Sylvie, la responsable de conception, et Greg, l'homme de l'architecture et des produits nouveaux.

Il avait organisé son équipe en groupe de créativité pour répondre à cette question saugrenue : que ferions-nous si les robots n'étaient pas des jouets pour enfants ?

D'entrée, pendant les quelques minutes d'échange sur la compréhension de la question, Philippe avait, non sans humour, suggéré que cette question était elle-même une merveille de créativité. S'il ne s'agissait plus de jouets, ils n'avaient plus rien à faire chez Créaludo. Au lieu de relancer une ligne de produits, on en était arrivé au constat qu'elle n'était pas dans le cœur de métier de l'entreprise.

Pascal fit alors remarquer que la question ne venait pas de lui, mais de Lætitia. Au demeurant, il l'assumait pleinement. Il était là le message posthume de « Monsieur Jean » : dépasser l'évidence des jouets pour enfants.

Lætitia ! L'irritation de Philippe était à son comble. Il avait demandé dès le départ de confier ce projet à sa cellule de développement, qui était à l'origine de l'opération Zandroïdes il y a quelques années. La situation dans laquelle se trouvait le projet démontrait selon lui un manque évident de professionnalisme. Et maintenant, c'est Lætitia qui en rajoutait !

C'est bien à Pascal que revenait le mérite d'avoir travaillé à mettre Lætitia en confiance. Il avait notamment insisté pour qu'elle travaille directement avec le réseau de distribution dans le cadre du projet, et aussi qu'elle intègre une forte dimension marketing à sa réflexion. Cette confiance retrouvée, l'élargissement de son réseau professionnel et une légitimité acquise dans l'équipe projet lui avaient permis de s'affirmer davantage.

C'est elle qui proposa ainsi à Pascal de réfléchir au phénomène des « adulescents », ces jeunes adultes qui continuent à jouer aux consoles de jeu et passent des soirées « générationnelles » dans des cinémas de quartier pour voir d'anciennes émissions de télévision qu'ils disent cultes. Elle se réappropriait l'idée émise à l'origine par Paul Lachenal lui-même lors de la première réunion du Copil : orienter le produit vers le ludique et pas seulement le jouet. Mais on n'avait rien fait de cette idée jusque-là.

— *Le grand intérêt que présentent ces prospects, c'est de résoudre un dilemme clé dans la vente de jouets : ils sont à la fois les prescripteurs et les clients qui vont payer pour le jeu, avec des moyens bien supérieurs à ceux qu'ils avaient à l'époque de leur enfance ou de leur préadolescence. À mon avis, nous pourrions nous appuyer là-dessus pour envisager une montée en gamme plus significative.*

Lætitia était dans une argumentation à la fois commerciale, marketing, mais aussi technique car cela ouvrait la possibilité d'améliorer encore le produit si le prix pouvait suivre.

Au bout des deux premières heures de créativité, le travail du « groupe nominal » avait produit quelques sous-ensembles logiques intéressants à partir des informations transmises quelques jours auparavant par Lætitia sur le comportement de cette cible. Chacun avait en effet mis une proposition sur un Post-it par rapport à la question, et on avait chargé Greg de les récupérer de manière globale et de proposer de les réunir par groupes logiques.

Dans l'un des sous-ensembles, le groupe avait assez rapidement montré la nécessité de ne pas toucher à ce qui avait été décidé sur le robot. Le principe de la peau, les fonctions avancées des dix micromoteurs embarqués, la structure générale et la forme du robot… Il fallait assumer une forte part d'irréversibilité. On ne pouvait ni ne devait refaire l'histoire.

Un autre sous-ensemble pointait que si le produit n'était plus dans la sphère du jouet pour enfant, il fallait modifier le mode de distribution en magasin de jouets et trouver un réseau plus cohérent avec cette éventuelle nouvelle clientèle. Là, deux facteurs de risque avaient été pointés. Il y avait, d'une part, la réaction du réseau de distribution, de l'autre, on craignait tout autant la réaction de Luigi Pietri le responsable de l'animation de ce réseau de distributeurs.

À ce moment précis, le groupe échangeait sur le positionnement des petits Post-it sur un nouveau sous-ensemble, plus important que les autres, en nombre de suggestions.

Le thème qui se dégageait à ce moment tournait autour d'Internet. Dans leurs échanges, les membres du groupe ne voulaient pas se limiter à un univers passé. L'idée de lier tout cela à Internet permettait d'ouvrir les possibilités d'évolution, d'éviter d'être victime d'un phénomène de mode.

C'est Franck qui lança l'idée clé :

— *Il faudrait piloter le robot non plus par les infrarouges, ou par des programmes préchargés en usine, mais plutôt par des programmes envoyés par Wi-Fi. En somme, on changerait l'origine des ordres, mais les mouvements basiques resteraient essentiellement les mêmes.*

—— *Intéressant, mais il reste à savoir pour quoi faire. On a une idée mais sans finalité !* reprit Greg.

—— *Dans mes recherches, j'ai mis en évidence que le côté tribal de ces « adulescents » était très important. Ils veulent se reconnaître, se fréquenter. Est-ce que l'on peut lier Internet et des sites de rencontre par exemple ?* interrogea Lætitia.

—— *Attendez, on est en plein délire. Je n'ai pas de temps à perdre,* grommela Philippe. *On est en train d'inventer des joujoux pour des jeunes attardés en quête de régression, et qui en plus voudraient se reproduire. Je crois qu'on passe les bornes des limites, comme dirait l'autre.*

—— *Philippe, dans tout travail de créativité, si tu ne te lâches pas un peu, tu ne risques pas de sortir grand-chose. D'ailleurs, ce sont souvent dans des idées exagérées que l'on trouve la base de choses plus raisonnables. Regarde les « concept cars » dans l'automobile. Et en plus, ce qu'a dit Lætitia me fait penser à quelque chose. Je voudrais vous le soumettre avant de le vendre au Copil,* proposa Pascal un peu énigmatique.

—— *Dis toujours,* reprit Greg qui s'était désormais assis avec tout le monde, une fois son travail d'animateur terminé.

—— *Je vous propose de réfléchir au fait que le Zumanoïde soit un compagnon et non un jouet. Un compagnon à la maison ou au travail qui soit relié au monde informatique. Ensuite, ce que je comprends de l'analyse de Lætitia, c'est qu'il doit me servir à créer du lien avec d'autres personnes de ma tribu, et ceci à travers Internet. Comme on doit assurer une mobilité au robot, cela doit passer par le Wi-Fi. Évidemment, cela ne manquera pas de nous poser des problèmes d'autonomie et de traitement du signal. Enfin, nous trouverons un usage à ce compagnon. Par exemple, on pourrait s'échanger des petits programmes par mail qui feraient bouger un robot chez un ami ou une amie. On pourrait se lancer des défis. On pourrait même penser qu'un client l'offre à son âme sœur s'ils ne vivent pas ensemble, ou pour l'avoir au bureau. Un petit message électronique ou un MMS envoyé et le robot passe une musique ou un message. Nous avons déjà une assez bonne capacité de stockage dans le robot. Il faudra voir pour l'étendre. On s'était trop focalisé sur la peau. On en a oublié le sens, l'usage ! On peut encore réagir, mais cela va être chaud, je ne vous le cache pas.*

—— *Oui ! mais moi je vois que votre jouet à vous, c'est le projet,* conclut Georges, cinglant. *Le planning n'avance pas, à la différence des dépenses. Je me dois d'en rapporter aux ayants droit au travers du Copil.*

Dans les semaines qui suivirent, la question du stockage avait été plus ou moins réglée par le passage à une mémoire de type mini-SD, comme pour les téléphones portables. Cela pouvait augmenter le coût du robot, mais le prix de ces mémoires baissait régulièrement. Créaludo ne mettrait de série qu'une mémoire de 512 Ko, finalement pas plus chère que le mode mémoire actuel. Charge à l'utilisateur de monter vers des mémoires de plus grande capacité.

Ensuite, pour l'autonomie, l'équipe énergie de Créaludo avait proposé de passer à un système de batteries rechargeables. L'encombrement n'était pas supérieur, mais il fallait intégrer le coût de cette technologie, et le coût de la base de rechargement sur laquelle le robot devait venir « faire le plein ». L'équipe avait identifié un modèle standard du marché qui pourrait faire l'affaire. Il était utilisé, à peu de choses près, dans l'électroménager.

Le souci technique le plus important était la réception et le traitement du signal. Cela confirmait la crainte initiale de Pascal. C'était pourtant la clé de voûte des nouvelles applications possibles du robot.

Pascal avait mis en place une procédure d'analyse de la valeur. On avait conclu que pour couvrir la fonction, il fallait trouver un module Wi-Fi proche de ceux qui se trouvaient dans les PDA, mais il était impossible de se le payer aux conditions du marché, en tout cas tant que le robot n'était pas un produit phare du catalogue.

En cette mi-février, une bonne partie de l'équipe s'était déplacée chez MicroEngine pour discuter de différents problèmes techniques qui persistaient en termes de parasitage entre les micromoteurs et le signal Wi-Fi.

Faisant un tour de l'usine, Greg fut intrigué par des tas de jouets qui étaient en cours de désossage. Jean-Baptiste, qui connaissait particulièrement bien MicroEngine fit part à tout le monde de la nouvelle obligation qui était faite de retraiter les objets électroniques hors d'usage ou en retour utilisateur. Au lieu de confier ce travail à un spécialiste du recyclage, le patron de l'entreprise en avait lui-même tiré parti en récupérant ce qui pouvait l'être sur ses propres jouets pour le réinjecter dans certaines productions.

— *Voilà l'idée !* s'exclama Greg, qui prit Jean-Baptiste par l'épaule en souriant.

— *Qu'y a-t-il vous deux ? Décidément on ne peut pas vous sortir !*

Pascal était en fait étonné de cet élan entre deux membres de son équipe qui restaient souvent distants.

— *Je crois avoir trouvé, sinon une solution, au moins un début de solution pour notre problème.*

— *Vas-y, explique-moi ce que j'ai dit de si génial ?* questionna Jean-Baptiste.

Toute l'équipe s'était arrêtée et puis regroupée autour de Greg.

— *Le recyclage !* reprit Greg.

— *Quoi, tu veux nous faire aussi recycler des jouets ?* demanda Jean-Baptiste, incrédule.

— *Non, mais je vais aller voir des entreprises qui retraitent des objets électroniques, et notamment des PDA accidentés, pour savoir si elles peuvent nous mettre systématiquement de côté le type de module que l'on recherche.*

— *Ce n'est pas trop dans les usages de mettre de l'occasion dans un produit neuf !* s'interrogea Pascal à voix haute. *Mais on n'a rien à perdre !*

— *En tout cas, ce peut être une solution pour la présérie. Ensuite, peut-être que les budgets suivront et que nous pourrons nous approvisionner directement avec des cartes de dernière génération. Je vais voir si la ressource est suffisante et si c'est le cas je vais réfléchir à un processus de contrôle qualité adapté à nos besoins pour limiter les risques.*

Pascal ressentait une forme de plénitude. Pas seulement pour cette solution, mais aussi parce qu'il voyait les membres de l'équipe s'impliquer personnellement et en toutes circonstances.

Il n'avait pas tout à fait eu le temps de terminer la définition et la planification du reste à faire, quand il apprit l'organisation d'un Copil exceptionnel. Il devait présenter l'avancement du projet et justifier des écarts de production actuels. Il avait été spécifié qu'il devait se rendre seul à cette réunion alors que jusque-là il venait avec les membres de l'équipe concernés par les sujets du moment. Dans le vestibule de la salle de réunion, Gérard lui passa un discret message : « *Défends ton projet à fond. Laisse-moi faire pour le reste.* »

Après une bonne demi-heure de synthèse de Pascal sur l'évolution du projet vers le public « adulescents », c'est Charles qui prit la parole :

— *Votre présentation est intéressante Pascal, mais elle aurait dû se faire il y a au moins six mois,* assena Charles.

— *Et puis, vous vous mêlez de choses qui ne vous regardent pas. Vous voulez modifier notre stratégie, le positionnement de nos produits, nos modes de distribution… Votre mandat consiste à réaliser un projet, tel qu'il a été défini dans le cahier des charges, et en vertu de l'étude de faisabilité,* reprit Paul Lachenal, mais un peu trop vite pour que cette pique ne soit totalement improvisée. Pascal comprit qu'il allait être étrillé, et que le vent avait finalement fait tourner la girouette du mauvais côté.

— *Effectivement, vous avez outrepassé vos prérogatives, et c'est notre rôle dans ce Copil de vous arrêter avant qu'il ne soit trop tard ! Ce sont bien les règles dont nous étions convenus dès le départ. En tant que PDG, je vous demande de revenir à plus de raison et de vous conformer au cahier des charges. Sinon, je serai amené à vous démettre de votre fonction, au moins sur ce projet.*

La menace de Charles était à peine voilée. Pascal jouait bien son poste, et pas que sur le projet.

— *Permettez-moi de défendre le point de vue de l'équipe. Même si cela peut vous paraître curieux, le sens même de ce projet a émergé progressivement. C'est comme si le sens était né de l'action, et c'est une chose que nous avons tous apprise. Nous sommes fiers d'être restés suffisamment ouverts à cette transformation, sans pour autant remettre en cause de façon majeure ce qui a été fait.*

La voix de Pascal ne trahissait pas sa réelle émotion de voir ainsi le projet lui échapper alors même qu'il semblait décoller. Il avait l'impression de faire un baroud d'honneur.

— *Attendez, nous ne sommes pas un bureau d'enregistrement. J'avais demandé un effort de 13 % et vous partez pour augmenter les dépenses. Vous nous faites prendre trop de risques, et je ne veux plus payer pour toujours ne rien voir !*

Le ton de Charles était clair et définitif.

— *Je vous redonne simplement l'axe de développement validé lors du premier Copil*, reprit Pascal : *« Créer la base d'une nouvelle relation entre les clients et les produits de Créaludo. » C'est bien de cela dont il s'agit avec cette nouvelle approche.*

— *Vous n'avez pas à nous rappeler à nos intentions Pascal*, trancha Paul Lachenal.

— *Mais si, parlons-en ! C'est bien vous, Paul qui nous aviez parlé le premier de nous orienter vers le ludique et non le jouet. Je ne comprends pas ce qui vous fait changer d'avis aujourd'hui. Nous avons mis un peu de temps à comprendre comment utiliser cette idée pour le projet, mais maintenant nous avons un concept fort. Et je me permets de vous paraphraser à l'époque : « Je vois ce projet comme un laboratoire pour nous essayer à de nouvelles façons de faire, sans perturber toute notre organisation. Il est à mon sens précurseur, il faudra absolument que nous apprenions de cette expérience. »*

— *Oui, mais vous confondez la fin et les moyens. Ce sont bien les moyens que vous employez que je conteste !* Paul était visiblement un peu gêné de se trouver ainsi impliqué malgré lui dans la solution.

— *Je vous accorde que tout au long de ces mois d'efforts nous n'avons pas été irréprochables dans nos façons de faire mais sincèrement, c'est bien la première fois où nous développons un produit d'une telle ampleur en moins d'un an, et ceci sans renoncer à nos missions habituelles. C'est important dans un environnement toujours plus exigeant à la fois sur le plan économique et dans le renouvellement des collections. Ici, vous ne parlez que des actionnaires et vous oubliez la formidable dynamique qui s'est créée autour de ce projet. Le Copil doit s'intéresser à eux, même si des actionnaires majeurs de l'entreprise sont ici juge et partie. Ils doivent faire la part des choses.*

Pascal s'était aventuré un peu loin dans la remise en cause des principes de gouvernance de l'entreprise, comme du projet. Mais il assumait pleinement sa démarche, et prenait un plaisir nouveau à développer ses arguments.

— *Bon, je crois que nous ne sommes plus dans une construction très professionnelle. Je vais mettre un terme à cette réunion. Et si vous en êtes à rappeler les propos de l'année passée, je vous redonne en substance les miens : « Je ne veux pas non plus changer de métier en nous dispersant. On ne fait pas des gadgets ici. Je veux que ce projet, s'il doit aller à son terme, soit en lui-même rentable, j'entends économiquement rentable. » C'était à la même réunion, vos souvenirs doivent être aussi précis, non ?*

La conclusion de Charles devait être la dernière prise de parole.

— *Un dernier point Charles, si vous me le permettez.*

— *Qu'avez-vous à ajouter Gérard ?*

— *En toute amitié, je me dois de vous donner quelques éléments d'information. N'oubliez pas que c'est la première fois depuis longtemps que nous faisons ce type de projet. Ne demandez pas à vos collaborateurs de vous fournir un planning linéaire, en ayant tout compris du projet avant même de le commencer. De même, vous ne devriez pas dissocier non plus la dimension projet et la stratégie. Un projet comme celui-ci peut paraître modeste a priori, et pourtant il remue visiblement beaucoup de choses. Nous ne sommes qu'une PME, et le lien entre un projet particulier et notre stratégie est étroit. Censurer le projet maintenant, c'est perdre une occasion décisive de tester notre capacité à faire autre chose que des jouets déjà trop concurrencés. Le désastre de Simob doit nous encourager à chercher d'autres solutions. Et puis, le planning final n'est pas remis en cause. Le budget va connaître une inflation d'environ 19 %. Finalement, on est à peu près dans l'enveloppe d'origine de Pascal qui avait été révisée de 13 % à la baisse en fin d'année. Il a gagné le droit de faire évoluer son produit par tous les efforts de productivité réalisés par l'équipe. Regardez ce qu'ils vous proposent pour ce prix, et n'en faites pas une question de principe.*

— *Votre soutien indéfectible vous honore Gérard et je respecte votre position. Mais vous comprenez bien que ce faisant vous liez votre destin à celui du projet, n'est-ce pas ?*

L'interrogation de Charles n'en était évidemment pas une.

— *Ce sera peut-être le moyen de régler deux problèmes en même temps. Ce projet n'est peut-être pas une si mauvaise affaire finalement.*

L'ironie de Gérard en disait long sur les tensions qui existaient depuis bien longtemps entre les deux hommes.

Au moins provisoirement, Gérard venait de couper court à la décision qui avait été prise avant même la réunion : l'arrêt du projet ! Sans doute, la disparition de

Jean, son ami de toujours avait facilité son attitude. Et le lâchage de Paul Lachenal avait fini de le rebeller. Il était allé au bout de sa logique et se sentait presque
soulagé de l'avoir fait.

Ce serait désormais Gérard le sponsor officiel du projet au sein de l'entreprise,
mais il fallait se dépêcher de résoudre les problèmes et les difficultés techniques
permettant d'aboutir au prototype, car la situation pouvait à chaque instant se
dégrader. Pour être clair, le projet était désormais en sursis permanent.

Gérard et Pascal eurent une longue conversation dans les jours qui suivirent. Ils
ne s'étaient pas donné rendez-vous, comme à l'habitude dans un bureau de
l'usine, mais bien chez Pascal et Marie. Marie était d'ailleurs présente et avait été
associée à la discussion. Elle ne s'engagea réellement qu'après le dîner. Ils
s'étaient installés dans le petit salon, un verre de cognac à la main, sans doute
pour soutenir cette longue conversation, ou pour tromper leur appréhension.

Ce n'est que vers 1 heure du matin que Gérard prit congé. Mais la lumière du
petit salon resta encore allumée une bonne partie de la nuit.

6 | L'envolée

Le mois de mars était déjà bien entamé. Cela faisait un peu plus d'un an que le projet était réellement lancé, mais les préséries n'étaient pas encore à l'ordre du jour. L'équipe terminait la mise au point des prototypes. Il allait sans doute être difficile de sortir de grandes quantités pour Noël. Mais ce retard n'inquiétait pas Pascal outre mesure. De toute façon, son produit n'aurait pas été prioritaire sur les lignes d'assemblage. Cela ne servait à rien d'être prêt pour une date théorique, pour voir les robots attendre d'être assemblés. Ensuite, il n'était pas certain de vendre de si grandes quantités. Enfin, tout indiquait que Noël ne serait pas le seul ni le principal débouché pour les robots. En tout cas, Pascal parvenait à se convaincre et il s'arrangeait pour qu'il en soit ainsi avec l'équipe. L'urgence était bien réelle, mais il absorbait la pression pour les laisser travailler aux dernières mises au point.

La partie technique avait progressé correctement. Les rapports avec Fang Pei avaient été excellents et aujourd'hui, la mise au point du tissu à texture humaine sur les robots était terminée, prête à être intégrée en production. L'effet était à la hauteur des espérances, même si, finalement, cet aspect des choses semblait être devenu secondaire, par rapport aux nouvelles idées liées à l'utilisation du robot comme outil d'échange de données.

Il avait délégué les relations avec Fang Pei à Philippe Ecoiffier, qui avait ainsi retrouvé une place intéressante pour lui. Et son regain d'intérêt n'était pas seulement lié au fait qu'il avait pu aller 2 fois en Chine, rencontrer Fang Pei. Ce qu'il avait découvert là-bas en matière de développement industriel valait, selon lui, le déplacement !

Franck Lecœur, l'informaticien, avait développé en à peine trois semaines une plate-forme d'échange à partir de logiciels libres. Son visage mal rasé et son regard un peu vitreux montraient bien qu'il avait encore dû terminer un certain nombre de détails dans la nuit. Désormais, sur cette plate-forme Internet hébergée sur l'un des serveurs de Créaludo, tous les membres du projet avaient un compte et un pseudo. L'opération, pour s'enregistrer, ne prenait que quelques secondes après le téléchargement d'un petit module en Java sur les postes de travail des uns et des autres. Greg, Sylvie et Pascal étaient chacun provisoirement propriétaires de l'un des trois robots prototypes qui étaient pour le moment sagement alignés dans la salle de réunion de Zumanoïdes.

Lætitia et Philippe étaient quant à eux dans leurs bureaux respectifs et ils devaient incessamment se connecter à la plate-forme. Sur leurs écrans, ils voyaient les « avatars » des robots disposés à échanger avec eux. Le robot de Greg s'était rendu disponible pour Lætitia, celui de Sylvie pour Philippe et, enfin, Pascal avait ouvert un possible contrôle de son robot à la fois à Philippe et à Lætitia.

L'élaboration du petit programme pouvait se faire de deux façons. Soit on le sélectionnait dans une bibliothèque déjà à disposition, soit on pouvait créer un programme en langage naturel en décrivant des opérations, leur sens et le temps de chaque séquence. On pouvait également laisser le robot libre de bouger en fonction de la musique ou des sons envoyés. On pouvait en effet ajouter du son, comme des bruits mais aussi de la voix enregistrée par l'utilisateur et bien entendu de la musique. L'idée était de mixer le tout sur la plate-forme. Franck voulait que la bibliothèque des programmes soit enrichie par les créations des internautes. Leurs multiples utilisateurs pourraient les noter, de une à cinq étoiles. Il avait même eu l'idée de proposer aux utilisateurs de filmer les prestations grâce à la petite webcam positionnée au niveau des yeux du robot. Les utilisateurs pouvaient ensuite mettre ces vidéos à disposition de leurs interlocuteurs s'ils le jugeaient intéressant. Chacun restait maître des contenus déposés.

C'est Lætitia qui ouvrit le bal en envoyant sur la plate-forme un programme d'une petite minute baptisé « Angel ». Ce fut bien le robot de Greg qui bougea sur une musique de Ben Harper, et sa petite danse, très fluide, fut conclue par un message de Lætitia : « *Je suis très heureuse d'être la première femme à enfin avoir pris le contrôle d'un robot, et je dois avouer que c'est plus simple qu'avec les hommes !* »

Cette première séquence avait ému toute l'équipe qui commençait à s'attacher à ces petits personnages.

Cependant, il fallait rester concentré sur l'objectif de cette session. Le robot de Greg était resté les bras en l'air à la fin du programme. Jean-Baptiste proposa que l'on définisse une règle :

— *Il faut que nous complétions systématiquement les programmes envoyés par une réinitialisation du robot. Il faut le ramener à une posture « bras le long du corps ». C'est plus esthétique mais surtout plus stable. Cela évitera les chutes et donc les problèmes de réparation.*

Philippe mit un peu plus de temps à envoyer son programme. Il l'avait intitulé « Orange mécanique » et utilisait le morceau Beethovania. C'était sans doute pour faire un contrepoint à l'Ange de Lætitia. Il avait lui aussi trouvé ce morceau dans la toute première *play list* disponible sur la plate-forme. Pascal avait en effet négocié avec une maison d'édition phonographique de mettre des musiques en diffusion, à titre expérimental. Mais il ne devait pas être possible pour l'utilisateur de les conserver. Le modèle économique était d'avoir une petite commission pour chaque morceau qui serait finalement acheté par un utilisateur de robot. Il était également en train de négocier, avec un membre de l'équipe de Gaël Peluzi, pour que le robot puisse passer des pubs. À chaque fois qu'une pub serait envoyée par un internaute vers un robot, les deux partenaires obtiendraient des points, et ces points cumulés donneraient des droits à télécharger de la musique.

La séquence de Philippe dura bien cinq minutes. C'était intéressant, d'une part, pour valider la capacité d'une personne à réaliser un programme si long et, de l'autre, pour vérifier que le robot restait fiable. Philippe avait activé la caméra pour enregistrer sa prestation. Pour le moment, cela donnait surtout une piètre image du marché de la chaussure de Servolex et de ses environs.

Tout le monde était assez satisfait de la séance de test, même si les essais préalables avaient déjà levé beaucoup de doutes. On cherchait aujourd'hui à préciser les modes d'usage. À cette intention, il était prévu que les uns et les autres emportent un robot chez eux pour faire des tests en environnement familial. L'une des questions levées par Lætitia était par exemple le comportement d'un animal face à ce robot clignotant, faisant de la musique et parlant. La première réaction de son propre Yorkshire fut assez négligente. Sans doute parce que ce robot ne sentait rien. Mais personne n'avait vraiment réellement pensé à cette fonction ! Ce qui intrigua Lætitia par contre, c'est quand le robot se mit à parler avec sa propre voix. Le chien s'arrêta, regarda fixement le robot qui parlait comme sa maîtresse, dans un son numérique et stéréo. Il finit par se coucher à côté de l'engin. L'idée de Lætitia était aujourd'hui de développer des petits programmes pour rassurer son chien lorsqu'elle était au bureau. C'est sans doute Greg qui voulut tirer le meilleur parti de la caméra. Il positionna le robot dans un point central de sa maison et, par un petit programme circulaire, il pouvait constater que tout était en ordre à partir du bureau. C'est Sylvie qui se moqua de lui, en suggérant qu'il surveille par la même occasion que ses enfants fassent bien leurs devoirs au lieu d'être devant la télévision. Par défi, Greg avait alors pris le pseudo « Big Brother » pour piloter son robot.

Tout le monde pouvait imaginer un usage avec ce robot, et il ne fallait absolument pas que Créaludo l'enferme dans une catégorie. Même les tout jeunes ados de Greg en voulaient un, plus intéressés par le chargement de musique et l'échange de vidéos avec leurs amis que pour le robot. Finalement, on pouvait imaginer que les membres d'une même famille puissent se servir différemment du robot. Ils pouvaient bien entendu créer des comptes distincts sur la plateforme désormais appelée Cré@ludo.

Finalement, Pascal touchait à l'objectif. Plutôt que de prescrire un usage au robot, il proposait, un peu comme Renault l'avait fait avec la Twingo, que chacun invente sa vie avec son robot. C'était à chacun d'être créatif. Il fallait que le système plate-forme, contenu et robot, offre un fort potentiel de créativité pour les utilisateurs.

Si la plate-forme avait désormais un nom, Pascal avait lancé une étude avec une agence de création de nom pour renommer le robot. Visiblement, quelques grands de l'électronique, qui faisaient du très haut de gamme comme Sony avec son Aido utilisaient les initiales A et I pour Artificial Intelligence. Le responsable de la petite agence de création sollicitée par Pascal avait posé une question clé :

— *Pensez-vous que ce type d'offre soit concurrent à la vôtre ?*

— *La réponse est difficile. L'Aido est un must en robotique grand public aujourd'hui. Nous lui ressemblons par certains égards et nous en sommes loin sur d'autres. Il a seize moteurs alors que nous n'en avons que dix, il y a des micros dans les oreilles, un capteur d'accélération, un capteur de vibration et des capteurs sensitifs sur la tête, le bas du dos, le menton et sur les pattes. Ce n'est pas du tout prévu chez nous. Cela renvoie à la nécessité pour le chien Aido de réagir aux actions de son maître. Par contre nous avons des fonctions avec la plate-forme et nous avons beaucoup mobilisé la fonction Wi-Fi. Et puis le prix n'est pas le même. 2 000 euros pour l'Aido et nous sommes à un prix public de 450 euros.*

— *Comment expliquez-vous cet écart ?*

— *C'est que nous n'avons pas intégré de dimension sensorielle. Le robot dans notre cas est un prétexte, pas une fin en soi. C'est un prétexte pour des gens à échanger. Dans le cas de l'Aido, l'animal a un comportement propre et l'histoire se passe entre lui et son propriétaire, qu'il peut d'ailleurs reconnaître. Nous ne sommes pas dans la robotique, malgré les apparences.*

— *Mais ce n'est plus un jouet, nous sommes bien d'accord ?*

— *Non, nous sommes désormais dissociés de la ligne Zandroïdes qui reste sur l'axe jouet. Le haut de gamme de la série vaut 250 euros. Nous sommes presque au double. Nous sommes bien repartis d'éléments de base de la ligne, mais pour finir par quelque chose de très différent. D'ailleurs pas tant par les composants que par l'usage, les finalités du robot. C'est pourquoi nous devons avoir un nouveau nom.*

—— *Mon équipe a imaginé des noms à partir de nos précédentes discussions. Je trouve qu'une bonne partie renvoie trop au robot ou à l'intelligence artificielle. Je crois qu'il faudrait insister sur l'interactivité, la créativité.*

—— *Que nous proposez-vous ?*

—— *De ne pas lui donner de nom.*

—— *Comment ?*

—— *Oui, proposez à chaque propriétaire de le baptiser sur la plate-forme en lui donnant un nom lors de son enregistrement. Ce sera son premier acte de création.*

—— *Mais il nous faut bien un nom commercial.*

—— *C'est prévu. Je vous propose de lui donner le nom que les Anglo-Saxons donnent à ceux qui n'en ont pas. Vous savez comme nous dirions Monsieur X.*

—— *Cela donne quoi ?*

—— *John Dœ !*

—— *John Dœ ? On dirait un vrai nom de cinéma.*

—— *Oui, le nom a déjà été utilisé au cinéma, pas toujours de manière flatteuse d'ailleurs. Il reste que cela nous permettrait d'insister sur le côté mystérieux du personnage, qui ne vit qu'au travers des interactions des personnes qui le mobilisent. On pourrait même voir des clients devenir célèbres sur votre plate-forme, grâce aux programmes faits avec leur « Dœ ». Je vous propose d'ailleurs de limiter le nom à « D.o.e ! » ce qui affirme le caractère technologique et l'importance de l'action, au travers du point d'exclamation. Et puis Dœ peut se comprendre DO !*

—— *OK, écoutez je vous propose que vous exposiez ces arguments à l'équipe prochainement. Nous devons avoir une réunion élargie avec le staff marketing de Gaël Peluzzi, notre directeur marketing.*

Pascal devait effectivement organiser deux grosses réunions dans la semaine. La première concernait la définition de la présérie. La seconde était celle dédiée au marketing.

Pour la présérie, il fallait construire une cinquantaine de robots dans des conditions réelles pour affiner les réglages des machines et les protocoles d'échanges avec les différents partenaires.

Pascal avait confié l'organisation de la réunion à Jean-Baptiste. Son expérience avec la mise au point de la première génération de robot restait intéressante même si dans les faits elle n'était plus très adaptée aux circonstances actuelles qui demandaient encore plus de coordination avec MicroEngine. C'était une manière pour Pascal de marquer sa reconnaissance pour tout le travail réalisé, mais aussi pour montrer qu'il reconnaissait à Jean-Baptiste une compétence d'interface décisive avec les personnes chargées de valider les processus de production. Les cinquante « D.o.e ! » ainsi produits allaient ensuite être utilisés à différents usages. Une partie devait être sacrifiée sur l'autel des tests de qualité, pour l'obtention des labels NF et CE, mais aussi pour divers tests liés aux compatibilités informatiques. Un autre contingent devait servir de démonstrateurs dans différentes manifestations professionnelles. Une quinzaine allait être distribuée à des référents, des journalistes spécialisés dans les nouveautés, avec l'espoir qu'ils en parlent dans leurs émissions de télé ou qu'ils insèrent une photo de « D.o.e ! » dans la rubrique de leurs magazines. Enfin, une dizaine avait été mise à disposition des principaux distributeurs pour qu'ils se familiarisent avec le produit.

Le projet était en retard de six semaines, de « seulement » six semaines pouvait-on dire. Pourtant, Pascal avait demandé à Jean-Baptiste de ne pas mettre la pression aux collègues chargés de la présérie. Ils n'étaient en rien responsables de la situation. Pascal pensait effectivement qu'il fallait leur faire gagner un peu de temps, mais il espérait que cela puisse se faire sur la base de leurs propres propositions, en créant les conditions d'un challenge. Dans le contexte un peu délétère autour du projet, il savait qu'il n'avait plus la capacité à imposer quoi que ce soit.

Concernant la partie marketing, il semblait que l'équipe de Gaël Peluzzi accrochait bien au vent de modernité qui soufflait avec les nouveaux usages du « D.o.e ! ». Ils étaient en pleine négociation avec des grands noms de la vente de musique en ligne pour confirmer les premières approches faites par Pascal. L'un d'entre eux négociait avec des annonceurs pour mettre en place le système de points. Le premier à réagir avait été un opérateur de numéro de renseignement qui avait une pub bien « déjantée », qui pouvait fortement s'appuyer sur les aptitudes du « D.o.e ! ». Les commerciaux avaient même proposé d'éditer des petits kits de déguisement pour les robots, avec short rouge et bandana. Le second contrat signé était avec un opérateur alternatif de téléphonie. Ces nouveautés changeaient l'équipe de Gaël des difficiles négociations avec les marques d'appareil ménager ou d'outillage. Elles leur coûtaient cher, sans que l'on puisse réellement se différencier. Dans ce cas, ces négociations devaient rapporter de l'argent, et contribuer à la rentabilité de la ligne, et non l'inverse. Cette forte dimension marketing avait fait de Gaël un allié de dernière minute très précieux, et heureux de contrer quelque peu son ambitieux collègue du commercial.

Lors de cette réunion, la discussion avait essentiellement porté sur le positionnement de « D.o.e ! ». En effet, était-ce un jouet ou un compagnon électronique ? À quoi avions-nous affaire ?

Gaël et Pascal étaient personnellement d'accord sur le fait que « D.o.e ! » était un compagnon numérique. Ils avaient cependant de nombreuses pressions pour persister dans l'univers du jouet, ou du moins du jeu. Ces pressions n'étaient pas le fait d'une personne en particulier. Mais c'était comme si l'organisation dans son ensemble hésitait à reconnaître cette nouveauté. En tant qu'entreprise fabriquant des jouets, les contrôles qualité que l'on décidait renvoyaient à des contraintes particulières liées aux manipulations des enfants. Il avait été réservé une place dans le catalogue des jouets de l'année à venir, certes dans la tranche d'âge la plus élevée. Mais c'étaient les 12-13 ans. Personne dans l'équipe marketing n'avait pensé utile à l'époque de l'élaboration du catalogue à créer quelque chose de particulier. « D.o.e ! » avait été automatiquement retenu pour être présenté au stand Créaludo de la foire du Jouet de Zorenbourg. Mais ce stand se trouvait dans la zone des jeux d'imitation, qui représentait bien la grande masse des ventes de Créaludo, mais le public qui fréquentait cette zone risquait de ne pas acheter le concept « D.o.e ! »

En quelque sorte, c'est comme si « D.o.e ! » était sans cesse ramené par les routines organisationnelles à un statut de jouet. Il fallait à l'équipe projet chaque fois se battre contre ces différents automatismes. Rien n'était encore acquis. Il fallait se battre en interne plus que face à des concurrents que l'on n'avait de toute façon pas réellement identifiés.

Pascal voulait négocier une dérogation avec Gaël Peluzzi. Aller à Zorenbourg, mais pouvoir occuper un espace distinct de celui de Créaludo, dans le secteur des jeux interactifs. Il y avait évidemment un surcoût, mais uniquement dans la location de l'espace. Pour le reste, la logistique restait mutualisée. Gaël Peluzzi avait finalement validé ce principe, pour rester cohérent avec sa propre conception de « D.o.e ! » Mais c'était de l'inédit chez Créaludo. C'était bien la première fois que tous les jouets n'étaient pas présentés au même endroit. On valida donc cette séparation, mais à une condition : que Pascal prenne sur son propre budget le surcoût de la location.

Les commandes reçues lors du salon devaient être honorées pour le Noël à venir. Pascal en était presque à espérer que « D.o.e ! » n'ait pas trop de succès. Personne n'était encore tout à fait certain que la production allait pouvoir sortir les robots dès l'automne. C'est que la saisonnalité de la vente des jouets est très marquée, et que la date est de plus en plus précoce pour la mise en rayon. Il n'est pas rare de voir les linéaires mis en place au 15 novembre.

Les résultats du salon de Zorenbourg furent mitigés. La profession passait un cap difficile, mais Créaludo semblait particulièrement marquer le pas. Pascal avait pu modestement tirer son épingle du jeu. Il avait une commande ferme de 300 « D.o.e ! », avec deux options de 200 chacune si les premières ventes partaient bien. Cela faisait un premier chiffre d'affaires espéré de 140 000 euros, prix revendeur. L'objectif pour cette première année était au moins de 250 000 euros, sans compter les recettes annexes du téléchargement. Pour le moment, il n'avait engrangé que 60 000 euros fermes. C'était encore peu, mais pour tous, c'était la confirmation que « D.o.e ! » avait une légitimité et qu'il avait un public ! Le problème était que ce premier client avait un profil un peu particulier. Il s'agissait du second distributeur européen de gadgets techniques. Il possédait un réseau de 200 boutiques en Europe, plutôt dédiées aux hommes, mais donc la clientèle était certes masculine mais aussi féminine dans la perspective de faire des cadeaux. Il avait décidé de positionner « D.o.e ! » dans les plus importantes de ses boutiques.

Ce qui inquiétait Pascal c'est que son premier client n'était pas dans l'univers traditionnel de Créaludo, et que son intérêt pour le produit n'était pas nécessairement annonciateur d'autres commandes. Et puis, le paradoxe était que l'on avait vendu ce robot à un vendeur de gadget high-tech. Des gadgets ! Justement ce que Charles redoutait.

C'est sans doute pour éviter de rester trop longtemps dans l'expectative que Pascal décida de participer sur son propre budget au Salon européen du multimédia. Son idée était de tester « D.o.e ! » auprès d'un public technophile toujours à la recherche de nouvelles applications, de nouveaux usages. Il fallait le faire avant que le produit ne soit catalogué comme gadget du fait de cette première commande, qui pouvait se transformer en cadeau empoisonné si on n'y prenait pas garde. Pour financer cette démarche, il ponctionna dans sa réserve pour risque. Il considérait que c'était justifié car le produit courait le risque d'être mal positionné sur le marché.

Bientôt, l'équipe verrait, comme elle l'avait imaginé, le départ d'un camion de boîtes vers ses premiers clients. Un camion et pas trois comme ils l'avaient rêvé. Mais les deux autres allaient sans doute venir très bientôt, du moins on l'espérait.

Cependant, le robot qui partait dans ces boîtes était assez différent de ce qui avait été imaginé, il y a bien longtemps déjà, il y a moins d'un an. Il n'était plus l'extension d'une gamme, mais bien un concept à part entière. Il n'était d'ailleurs plus un jouet. Son prix de vente n'était pas 35 % supérieur aux produits habituels, mais à plus du double. Cela compensait peut-être le fait d'en expédier un peu moins à la première commande.

Mais surtout, Pascal voyait cette équipe fière d'avoir réalisé quelque chose qu'elle n'aurait pas même imaginé, si on le lui avait annoncé au début du projet. Sans même savoir ce qu'allait être la vie de « D.o.e ! », l'équipe se satisfaisait de la fierté d'avoir réussi à entreprendre.

7 | Épilogue

En descendant les escaliers qui menaient à la pièce commune de l'équipe projet, Pascal savait qu'une époque allait se terminer. Ces marches descendues si souvent « quatre à quatre », il les prenait, l'une après l'autre, comme pour leur montrer que chacune avait compté tout au long de ces mois. Ou était-ce pour prendre le temps de terminer sa mise en condition ? Les autres étaient déjà arrivés. Encore aveuglé par la lumière de cette matinée de juin, il laissait glisser sa main le long de la rampe. Il percevait déjà ces voix devenues si familières. La voix haut perchée de Lætitia, le rythme saccadé de Philippe, le ton un peu gouailleur de Franck et bien entendu l'accent du Sud-Ouest de Georges. Les autres devaient être là, mais il ne les entendait pas. Cette descente paraissait interminable et c'était bien comme cela. Il fallait encore qu'il se prépare à maîtriser son émotion pour engager cette dernière réunion officielle du projet. Il était prévu que tous ensemble partent ensuite chez Lulu et Marcel, ce bistrot où ils se retrouvaient si souvent. À vrai dire, Pascal avait pensé à quelque chose de plus chic pour marquer le coup. Et puis, il ne savait pas trop pourquoi, il s'était dit qu'il fallait rester dans l'esprit du projet et mettre l'essentiel dans ce qui allait se passer entre eux, et pas dans le prix de l'assiette.

Les relations entre tous les membres de l'équipe n'étaient pas devenues idylliques, mais depuis que « D.o.e ! » était sur ses jambes, capable de danser et d'échanger avec la plate-forme, les frictions étaient devenues très rares. Au-delà des différences de vue, c'est le respect qui régnait désormais et c'était l'essentiel. De toute façon Pascal n'avait jamais cru aux vertus d'une fraternité forcée pour faire avancer son projet.

À bien y penser, c'est aussi comme cela que Pascal revoyait rétrospectivement les passes d'armes viriles avec les membres du Copil. Comme si ses souvenirs édulcoraient les longs moments de doute, et même les crises. D'ailleurs, la pleine adhésion de Gaël avait permis de rééquilibrer un peu les échanges. Paul n'opposait plus des refus de principe, mais seulement des points techniques sur les modalités de la mise en marché du produit. Il se remémorait le précédent Copil. À cette occasion, Pascal avait offert un exemplaire à chacun de ses membres. Il avait réservé le prototype n° 1 à Charles.

— *C'était l'exemplaire que m'avait demandé de mettre de côté Jean, votre père. Il voulait le mettre dans le musée qu'il a constitué au cours de ses cinquante années d'activité*, avait dit Pascal en évitant toute mièvrerie.

— *Je vous remercie Pascal, je l'y mettrai en bonne place, vous pouvez compter sur moi.*

Ce revirement était dû, à la fois au respect de la parole donnée à Gérard dans le cadre du « deal » dont ils étaient convenus ensemble et aux premiers échos médiatiques sur « D.o.e ! », notamment l'article de *La Tribune* sur « Cré@ludo ou l'audacieuse stratégie du dirigeant d'une PME française du jouet », qui avaient fini de le convaincre, au moins pour le moment.

Le pied droit de Pascal venait de se poser sur le palier. En ayant repris sa respiration il saisit la poignée de porte comme pour entrer en scène, en se redressant et en accélérant le pas. Après épuisement de l'ordre du jour, Pascal voulut terminer par un tour de table pour évoquer cette fin de projet devenue si proche.

— *Je dois avouer que j'ai un sentiment étrange aujourd'hui.*

— *De quoi s'agit-il Sylvie ?* s'inquiéta Pascal.

— *C'est justement difficile à dire. Alors que l'on termine le projet dans d'assez bonnes conditions, je pourrais être satisfaite et fière. Et pourtant je me sens vidée, et comme dépossédée.*

— *De quoi te sens-tu dépossédée ?* interrogea Philippe sur un ton toujours à la limite de l'exaspération, mais que tout le monde arrivait désormais à décoder comme l'expression de sa timidité.

— *Si tu me le permets Sylvie, j'aimerais répondre, car je ressens également quelque chose de bizarre.*

Et Franck enchaîna directement sans attendre l'accord de Sylvie.

— *J'ai l'impression d'un vide ! Alors que ce projet a été ajouté à mon travail habituel, j'ai le sentiment que son arrêt va créer un manque au lieu de me ramener à une situation normale. Nos robots nous échappent maintenant. Finalement, nos réunions, nos coups de gueule, nos relations directes et franches, nos samedis à bosser ensemble, nos fous rires à faire danser les robots sur la danse des canards... tout cela va me manquer.*

— *Si je comprends bien, vous avez un peu le blues. Mais nous bossons tous dans la même boîte, nous allons nous croiser régulièrement.*

Pascal se voulait rassurant avec des arguments qu'ils savaient pourtant maladroits. Le malaise de Sylvie et de Franck, et d'autres peut-être, l'amenait à penser qu'il aurait dû préparer cette fin de projet.

— *Oui ! reprit Georges dans un ton qui voulait éviter la « psychologisation » de la situation. Vous me donnez l'impression qu'on est à la fin de la colonie de vacances, et que l'on ne va pas tarder à échanger nos adresses.*

— *Ne te fais pas plus dur que tu n'es Georges. J'ai le sentiment, comme les autres d'ailleurs, que tu as bien aimé ce projet, même s'il te fallait veiller à des critères qui parfois nous échappaient. Tu as été une forme de contre-pouvoir très utile en ce sens. Et je te remercie de ne jamais avoir compromis le projet pour de mauvaises raisons.*

Curieusement, c'est seulement à ce moment, après un an et demi, que Pascal commençait à tutoyer Georges. Comme si jusque-là, en s'adressant à Georges, il s'adressait à Charles Duprès. Mais là, c'était bien à Georges Abadie qu'il parlait, et ce dernier se trouvait un peu confus de la situation.

— *En tout cas une chose est sûre, ce projet fait partie de notre histoire commune, reprit Sylvie. Et puis n'oublions pas que nous conservons une grosse réunion par mois pour faire le point des éventuelles difficultés rencontrées par « D.o.e ! » ou pour enregistrer ses possibles usages. On ne le laisse pas tomber.*

— *C'est effectivement quelque chose que nous avons partagé. Mais les autres dans l'entreprise, comment leur expliquer ce qui est déjà difficile à énoncer entre nous ? Comment leur faire comprendre ou ressentir ce que nous avons vécu ? Comment leur dire combien nous nous sommes enrichis ? Comment leur faire percevoir que l'on grandit à dépasser ce que l'on croyait être donné d'avance ?*

On pouvait se demander si la question de Pascal était un prétexte à la prise de parole des uns et des autres, ou bien si elle était une forme de soliloque.

— *Pour ma part, je ne sais pas comment on peut leur faire partager, mais je vais essayer de conserver dans mes activités un certain nombre de modes de fonctionnement que nous avions ensemble. Et puis j'ai prévu de présenter le projet auprès des commerciaux et des distributeurs prochainement. Je ne vais pas que leur parler du produit, mais aussi de notre démarche. Je vais d'ailleurs demander à deux ou trois parmi vous d'assister à cette séance. En tout cas, ce projet m'a permis de retrouver une place dans l'équipe commerciale. Je suis revenue plus forte. Et puis je vais garder un œil sur « D.o.e ! » puisque je suis désormais responsable du développement commercial du produit et de ses dérivés.*

Lætitia avait en effet réussi à créer une exception chez Créaludo, puisqu'elle allait gérer elle-même à la fois les questions commerciales et marketing du produit tout comme elle le faisait en phase projet. Sa mission durerait au moins pendant toute la période de stabilisation du produit, définie pour les deux années à venir.

— *Pour ma part, le bénéfice du projet n'est pas très évident. Pour ne rien vous cacher, le fait de passer du temps loin de mon département m'a fait prendre la queue du peloton pour les augmentations individuelles. « Loin des yeux loin du cœur » comme on dit.*

Franck avait passé beaucoup de temps sur le projet et notamment sur la plate-forme. Il avait peut-être un peu trop rechigné à faire avancer ses dossiers habituels au profit du projet.

Pascal pensait aussi que Franck payait sa participation à sa manœuvre de contournement du service Systèmes d'informations lorsqu'il l'aida à choisir puis à mettre en place les outils de gestion du projet. Il lui avait d'ailleurs confié que la situation était devenue intenable dans son service. Tant qu'il y avait le projet, Franck avait une soupape de décompression. Désormais, il lui fallait faire un choix, et il avait décidé de négocier un départ. Il allait se faire licencier pour chercher un poste dans une SSII où finalement le mode projet était l'organisation habituelle des missions. Son départ devait être effectif pour début septembre, mais il en informerait l'équipe un peu plus tard. Seul Pascal était dans la confidence.

— *Ce problème de rémunération n'a pas pu être réglé, et je le regrette. Je n'ai pas eu de poids auprès des différents responsables de département pour faire valoir votre engagement sur le projet. En gros, ils me renvoient la question, en me disant que si vous avez été bons pour le projet, c'est au projet de vous gratifier. Mais nous n'avons pas de budget pour cela, et cela ne passe pas au niveau du service du personnel. Dans le contexte de morosité actuel, je n'ai pas pu obtenir de rallonge de Charles. Paradoxalement, on peut même dire que vous avez perdu de l'argent avec ce projet.* Pascal montrait toute son impuissance à pouvoir concrètement faire connaître l'énergie mise dans ce projet par son équipe. *Charles m'a simplement dit que ce projet allait vous permettre de prendre plus rapidement des responsabilités dans l'entreprise. Qui vivra verra !*

— *À ce sujet, on m'a plutôt dit que Gérard allait être mis en préretraite. Est-ce vrai ?* questionna Jean-Baptiste.

— *C'est vrai. C'est désormais un secret de Polichinelle,* confirma Pascal. *Pour tout vous dire, c'était convenu avec Charles depuis presque trois mois. Il y a entre eux une forme d'incompatibilité que ce projet n'a fait que révéler au grand jour. Nous n'en sommes pas responsables.*

— *Et les rumeurs sur son successeur sont-elles fondées ?* questionna Georges, avec l'air malicieux de celui qui connaît déjà la réponse de sa propre question.

— *Effectivement,* confirma Pascal. *On me propose de prendre l'intérim. Cela faisait partie de la négociation de son départ, et Gérard est venu me proposer ce poste avant de se décider. Lorsque la direction aura retrouvé un remplaçant pour lui, d'ici la fin de l'année, je quitterai ce poste. Disons que Gérard pense que ce job me fera du bien. Il est prévu que je monte une cellule dédiée à l'exploration de nouveaux concepts dont certains pourraient donner lieu à d'éventuels nouveaux projets. Mais tout cela ne sera pas avant le début de l'année prochaine. Visiblement nous avons convaincu sur une chose : il faut encourager l'esprit d'initiative et la créativité dans notre entreprise. Nous serons ainsi totalement cohérents avec notre nom : Créaludo !*

C'est étrange comme les choses se bousculent parfois. Alors que Pascal rallumait son portable après la réunion, sur le chemin du restaurant, il découvrit sur sa messagerie un appel de l'agence Huchinson. Un chasseur de têtes lui disait qu'il aimerait bien le rencontrer pour le compte de l'un de ses clients de la région bordelaise. Visiblement, le projet avait donné de la visibilité sur les compétences de Pascal. Mais quelles compétences ? S'il avait réussi, c'est que l'équipe avait trouvé des solutions, que Gérard était là. De quoi était-il sûr aujourd'hui ? Et puis fallait-il faire le grand saut et changer d'entreprise alors qu'il venait de vivre quelque chose d'intense et que sa crédibilité s'était affirmée ? Il faudrait sans doute tout reconstruire dans ses nouvelles fonctions. Et puis l'équipe. Même si elle était dissoute, il se sentait lié. En même temps, les uns et les autres allaient prendre leur propre chemin. Pascal n'aura pas eu le temps de savourer la fin de sa mission que déjà de nouvelles questions se posaient. Mais il l'avait bien cherché, non ?

Partie 2

L'ANALYSE

Vous venez de lire le roman du projet de Pascal, jeune ingénieur dans une petite entreprise comme tant d'autres, et qui vient de vivre, sous vos yeux, un projet pour la première fois.

Au fil des pages, vous avez peut-être retrouvé ci et là un événement, une situation proche de ce vous observez dans votre entreprise ou que vous avez vécue vous-mêmes. Si vous êtes en train de manager un projet, ou devez le faire bientôt, vous avez certainement été alerté sur des difficultés, risques et réactions qu'a vécus Pascal.

Le récit de ce projet a comme finalité ultime de vous aider à mieux réfléchir sur votre propre cas et, si possible, de vous permettre d'anticiper des difficultés et problèmes futurs.

Cette seconde partie de l'ouvrage vise à dépasser la simple restitution des événements, à prendre du recul sur les faits, à comprendre ce qui se joue et à analyser les mécanismes à l'œuvre dans un projet, porteurs d'opportunités mais aussi de risques.

Pas question de donner un corrigé ou de délivrer une vérité unique à partir de cette histoire ! La réalité des projets est bien trop complexe pour pouvoir être enfermée dans une analyse unique, exhaustive et définitive.

Nous souhaitons juste partager avec vous quelques idées qu'il nous semble intéressant de faire ressortir, et vous proposer quelques outils d'aide à la réflexion pour vous aider à mieux (re)lire votre propre cas. Faisons de l'aventure de Pascal une « histoire apprenante ». S'il n'y a pas de recettes universelles, l'expérience de Pascal et, à travers lui, celle de nombreux acteurs projets que nous avons rencontrés témoignent de principes d'actions que nous vous proposons de (re)visiter dans les pages suivantes. À vous cependant de rester vigilant pour adapter leur mise en œuvre aux spécificités de votre contexte. Plutôt que de chercher la bonne méthode reproductible et généralisable, le point de vue présenté ici privilégie des bonnes questions à se poser, dans une situation de conduite de projet qui est à chaque fois nouvelle et singulière. Votre projet, tout comme celui de Pascal, est unique !

Sans volonté d'exhaustivité, nous avons retenu 7 questions clés qui structurent cette seconde partie en 7 chapitres consacrés à l'analyse du projet de Pascal.

Les 7 questions sont représentées sur la figure ci-dessous, suivant ainsi le cycle général d'un projet, depuis l'émergence d'une idée de départ jusqu'à l'atteinte de l'objectif final.

Schéma 1 : Visualisation des 7 questions constituant l'analyse

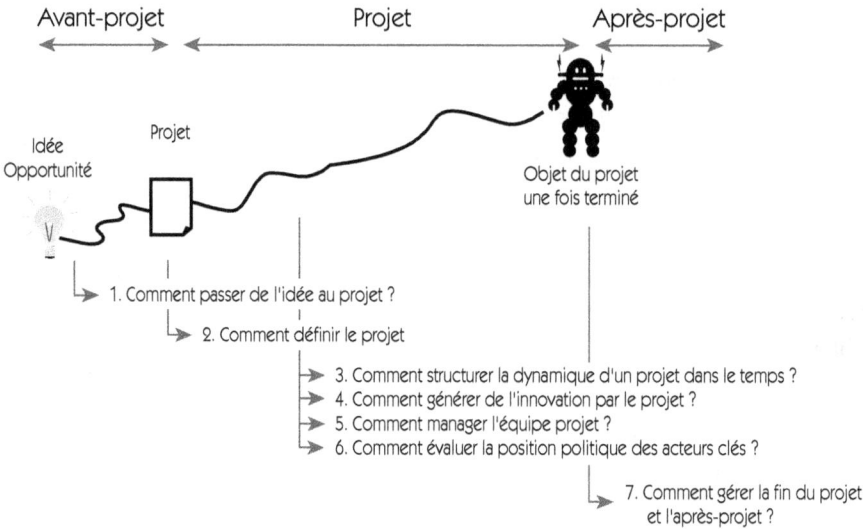

1 | Comment passer de l'idée au projet ?

> Un chef de projet n'est pas toujours prédestiné à assumer ce rôle. Il n'a d'ailleurs pas nécessairement conscience de ce qui est en train de se produire lors de l'émergence d'un projet. Comme souvent, la rencontre d'événements fortuits et d'acteurs en situation de les saisir et de leur donner du sens va générer un processus qui aurait très bien pu ne jamais s'enclencher. Le hasard des rencontres coïncide avec la nécessité (inconsciente) de l'acteur.
>
> Ce chapitre a pour objectif de pointer les éléments personnels qui rendent les collaborateurs plus sensibles à l'identification d'opportunités nouvelles ainsi que les mécanismes de transformation d'une idée en projet.

Repérer les éléments personnels qui nous rendent sensibles aux opportunités

Il est important de repérer les éléments personnels qui nous rendent, à un moment donné, plus sensibles que d'autres aux opportunités et qui feront de nous des « traqueurs d'information » performants.

Reprenons l'histoire à son début. Qu'est-ce qui a mené Pascal, jeune ingénieur à la vie bien réglée, à se lancer dans cette aventure ? Quels sont les éléments qui vont progressivement contribuer à donner vie à ce projet ?

Pascal présente, au début de l'histoire, **une sensibilité particulière** au recueil d'informations prometteuses sur le plan du développement stratégique. Mais la sensibilité de Pascal, pour s'exprimer, doit rencontrer **un facteur déclencheur**. Cet élément extérieur est parfois évident et explicite (la demande d'un client, l'attaque d'un concurrent), parfois diffus et marginal (une information, une idée « *échangée sur un coin de table* », ou une rencontre fortuite, comme celle avec Fang Pei, en Asie).

Tout d'abord, comme c'est fréquemment le cas dans les organisations, Pascal est bien plus conscient de la situation stratégique de son entreprise que la place qu'il occupe dans l'organigramme ne le laisserait penser. Par exemple, quand il regarde le catalogue de Créaludo, il voit une offre qui se fait marginaliser, avec des produits de moins en moins porteurs de marge et très concurrencés. Bien sûr, l'idée des robots est intéressante mais lui semble inaboutie. Créaludo est fortement dépendante de compétences extérieures (partie électronique notamment) et son rôle se cantonne finalement à de l'assemblage de composants créés ailleurs. On lui demande de chercher de nouveaux partenaires industriels, mais implicitement, il sent bien que la stratégie s'enlise dans cette voie, sans autre alternative.

Sur le plan personnel, Pascal n'est plus un jeune ingénieur débutant. À 33 ans, il se pose des questions qui sortent du cadre de son simple périmètre technique et appréhende l'activité de l'entreprise de façon plus globale. Cette réflexion personnelle aiguisée le rend donc plus réceptif à d'éventuels signaux faibles en provenance de l'extérieur.

De plus, il maîtrise désormais bien son poste, et éprouve le besoin de **redynamiser sa carrière**. La comparaison avec les parcours professionnels de ses amis, dans le spatial, l'aéronautique ou l'automobile le renvoie à son propre parcours. Il réalise qu'il a atteint un plateau de carrière.

Gare aux plateaux de carrière !

Le graphique ci-dessous montre que, parvenu à un « plateau de maturité », la performance d'un collaborateur dans un poste décroît avec la durée d'occupation de ce poste, vers une situation de routine. Introduire de l'innovation sur le contenu du travail ou les conditions d'exercice de celui-ci, voire même des changements fréquents (quitte à perdre de la performance à court terme), est donc essentiel au maintien de la motivation et de la performance à long terme d'un collaborateur. Le projet est un outil clé de cette dynamique : il apporte de la nouveauté, du challenge, de nouvelles façons de travailler et de l'opportunité d'acquérir de nouvelles compétences.

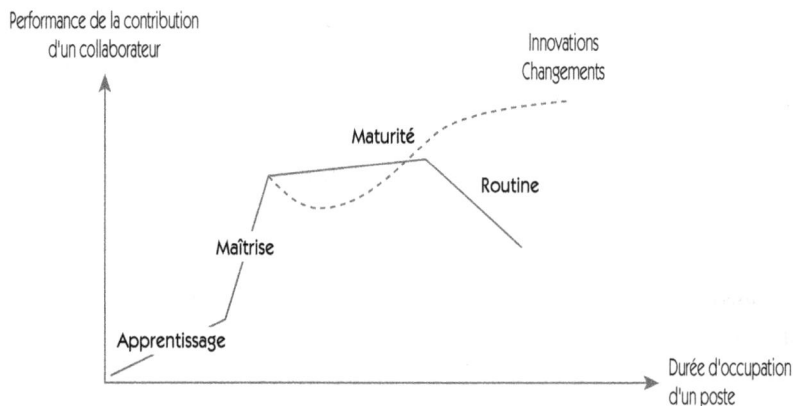

L'environnement personnel et des facteurs plus irrationnels entrent aussi en compte dans la propension d'un individu à se lancer sur de nouvelles pistes : prouver à son entreprise et à lui-même qu'il n'est pas qu'un rouage parmi tant d'autres. Que ses raisonnements peuvent dépasser le seul domaine technique. Il peut vouloir sortir d'un quotidien agréable mais qui peut devenir routinier, ne pas décevoir son conjoint comme c'est le cas pour Pascal.

Tous ces éléments imbriqués expliquent que Pascal, sans s'en rendre compte, est en situation favorable pour réagir à des éléments déclencheurs susceptibles de lui apporter cette redynamisation professionnelle et personnelle, et répondre à ses interrogations sur la stratégie de son entreprise. La fenêtre est ouverte. Nous ne parlons pas encore de projet ici, juste de conditions favorables à ce que Pascal devienne un intrapreneur !

Vous avez dit « intrapreneur » ?

La notion d'entrepreneur est bien connue. Elle s'applique globalement aux individus qui créent une entreprise. En réalité, ce concept est bien plus large et peut notamment s'appliquer dans une entreprise existante. L'intrapreneuriat s'adresse ainsi aux individus qui décident de s'engager dans une activité de développement (un projet, une nouvelle activité, voire une start-up interne…) au sein de l'organisation dont ils restent salariés. Par extension, l'intraprenariat (ou corporate entrepreneurship) désigne une capacité collective et organisationnelle pour encourager et accompagner la créativité et l'innovation dans une entreprise.

Si des facteurs personnels expliquent pourquoi des collaborateurs peuvent saisir des informations et idées venant de l'extérieur, la démarche aura d'autant plus de chances d'être prolongée que des dispositifs organisationnels vont soutenir les efforts de ceux qui auront recueilli ces idées.

Favoriser la détection d'opportunités susceptibles d'être transformées en projet

Dans le cas de Créaludo, l'opportunité recueillie émane d'une démarche individuelle, mais qui n'était ni voulue ni soutenue par l'entreprise. La direction générale de Créaludo ne semble pas compter sur cette source d'opportunité, et le premier refus de Charles Duprès montre bien qu'elle n'a pas de légitimité à ses yeux. La réunion de débriefing lors de son retour remet vite Pascal à sa place. D'ailleurs, il ne serait pas non plus concerné par la suite de la démarche de prospection. Il apprend qu'il y avait visiblement tout un processus dont on n'avait pas pris la peine de lui parler.

Le modèle de management est mécaniste, centralisé, directif, avec une répartition des rôles arrêtée une fois pour toutes selon les fonctions tenues par les collaborateurs. L'organisation de Créaludo n'est pas *a priori* propice aux émergences.

Listons quelques éléments facilitant, dans ce domaine, à la lumière de l'histoire de Pascal.

Faire sortir les collaborateurs de l'entreprise

L'entreprise a toujours intérêt à créer un contexte favorable aux rencontres et aux interactions avec son environnement. C'est dans un salon professionnel que Pascal a rencontré Fang Pei. Les occasions de sortir de l'entreprise sont toujours des situations d'apprentissage. En dehors de leur poste, tous les collaborateurs deviennent des « traqueurs d'informations » qu'il s'agit de sensibiliser et de valoriser sur cette mission complémentaire, et souvent motivante pour eux. Organiser des occasions de « sortir » de l'entreprise, à tous les niveaux, peut sembler une perte de temps à court terme. C'est en fait une démarche salutaire à long terme si l'entreprise ne veut pas devenir autiste !

Sensibiliser et responsabiliser les acteurs eux-mêmes

Les individus doivent eux-mêmes accroître leur capacité à prendre en considération les multiples opportunités qu'ils côtoient tous les jours, sans toujours s'en rendre compte. Bien sûr, la rationalité des acteurs est dite « limitée », c'est-à-dire que leur capacité à écouter et recueillir des informations utiles est toujours partielle, sélective et vite saturée. Néanmoins, le fait de conserver des traces visibles et formelles de rencontres (comptes rendus diffusés, cartes de visite, ou échantillons comme le morceau de textile de peau de Fang Pei) concrétise le contact et peut aider à faire vivre l'opportunité auprès d'autres acteurs. **Il est donc important de « laisser des traces »**, et de les faire circuler. Pascal a d'ailleurs tendance à oublier un peu vite la rencontre avec Fang Pei. On voit que l'intérêt se construit de façon différée, par une relance de ce dernier, à un moment où la « fenêtre d'opportunité » est plus favorable. C'est souvent dans les signaux faibles d'aujourd'hui que se nichent les innovations ou changements de demain.

Favoriser des postures de questionnement et d'écoute

L'histoire de Pascal nous montre qu'être en questionnement personnel accroît la capacité de l'individu à écouter les signaux faibles venant de l'extérieur. Il faut donc se méfier des attitudes dominantes, empreintes de certitudes à propos de la force des produits ou la solidité de l'entreprise. Une posture de questionnement, d'humilité et de remise en cause aide à capter des informations potentiellement utiles. Malheureusement, ne pas donner de visibilité sur le processus global du traitement de l'information, comme c'est le cas chez Créaludo, n'encourage pas les collaborateurs à recueillir des données en dehors de leur domaine d'expertise.

Savoir s'appuyer sur un large réseau de contacts

Enfin, le réseau social interne et externe est un capital précieux. Plus les liens entre les acteurs d'une organisation et son contexte seront nombreux et foisonnants, plus les possibilités de ratisser des informations recueillies seront riches. Pour développer cette stratégie des « grandes oreilles », il faut paradoxalement privilégier les liens faibles aux liens forts.

Liens faibles/liens forts

On doit à Marc Granovetter, sociologue américain, d'avoir développé la théorie dite « des liens faibles », qui explique que les individus avec qui l'on est faiblement lié ont plus de chances d'évoluer dans des cercles différents et ont donc accès à des informations différentes de celles qu'on reçoit habituellement. Votre réseau de liens faibles va vous apporter une diversité indispensable à la richesse des informations et opportunités que vous voulez voir remonter jusqu'à vous. Par contraste, vos liens forts (famille, amis proches, collègues réguliers, clients fidèles…) partagent souvent le même réseau que vous. Il y a peu de chances qu'une information vraiment nouvelle arrive par l'un de ces membres.

Laisser une chance aux idées nouvelles par un principe de bienveillance

Le dernier enseignement s'adresse ici autant à Pascal qu'à Créaludo dans son ensemble. Cette entreprise semble avoir du mal à écouter les idées nouvelles, si l'on en juge la réaction spontanée de Charles Duprès à l'énoncé de l'idée de Pascal. Les tueurs d'idées ont la parole !

Quelques célèbres « tueurs d'idées »

- Encore une de vos fantaisies d'ingénieurs ! (*Charles Duprès*)
- Cela ne marchera jamais chez nous !
- Ce n'est pas dans notre culture !
- Nous n'avons pas les moyens !

…/…

...../...

◆ On a déjà essayé !

◆ Nos actionnaires ne seront jamais d'accord !

◆ Notre entreprise n'est pas encore prête pour cela !

◆ Nous faisons déjà cela en quelque sorte !

◆ C'est une bonne idée mais…

Et pourtant, comme nous le rappelle Marie, la femme de Pascal, « *de grandes idées peuvent naître sur un coin de table* ». Pascal est lui-même enclin à une autocensure, inscrite dans une logique rationnelle de l'ingénieur, qu'il projette inconsciemment chez les autres (« *on a trop peu d'éléments et Charles veut du tangible, des chiffres…* »). Faire vivre des idées nouvelles (donc déviantes, incertaines et imprécises) demande donc **des efforts contre nature**, de la part de toutes les parties prenantes : lutte contre l'autocensure, capacité à sortir du cadre, rejet des stéréotypes (« *encore une fantaisie d'ingénieurs* ») et débusquer les tueurs d'idées !

Le proverbe chinois de Fang Pei résonne comme un sage conseil « *Il faut se méfier des solutions que l'on voit simplement parce qu'elles sont sous une lanterne.* »

En regard des principes précédemment énoncés, Créaludo ne semble pas avoir une stratégie explicite de développement de la sensibilité de ses collaborateurs aux idées nouvelles, si on en juge le peu de soutien que reçoit Pascal au début de l'histoire. On verra qu'un des apports du projet Zumanoïdes sera justement d'améliorer la capacité collective de transformer des idées en projets.

À la suite de la rencontre avec Fang Pei, la perspective d'un projet semble encore bien éloignée. Le chapitre 1 se termine d'ailleurs par un rejet par Charles Duprès. Fin de l'histoire.

Pourtant, l'histoire va être relancée. Un autre enchaînement d'actions va se mettre en place, porté par de nouveaux acteurs, pour cette fois transformer l'idée en projet.

Transformer une opportunité pour en faire un projet

Le fait déclencheur une fois recueilli, l'opportunité reste à travailler. Il y a loin de la coupe aux lèvres ! L'histoire de Pascal nous suggère quelques principes à suivre et facteurs clés de succès pour transformer une idée en un véritable projet.

Raisonner en termes de valeur stratégique

Une idée, aussi géniale soit-elle, ne suffit pas à déclencher une allocation de ressources. Tout le travail que suggèrent Gérard Lesage et Paul Lachenal, à la suite du comité de direction, est d'amener Pascal à raisonner en termes de potentiel de création de valeur (pour l'entreprise et les clients) que laisse miroiter son idée. La décision de lancer un projet s'évalue donc à l'aune d'indicateurs de création de valeur stratégique et d'impacts sur des éléments de performance économique ou concurrentielle. Un projet ne se limite pas à créer un nouveau produit, service ou procédé, mais doit **contribuer de façon significative à la stratégie de l'entreprise** et à sa performance. C'est très différent.

Raisonner de façon globale

Pascal apporte un procédé technique révolutionnaire. Mais comme le dit Gérard Lesage, « *il faut maintenant passer de la technique à la gestion* ». Ses sponsors le guident dans une approche bien plus globale, où les dimensions commerciales, financières, logistiques… sont réintégrées dans l'évaluation finale. Le raisonnement qu'ils bâtissent n'est donc plus seulement technique, mais intègre une analyse d'impact sur toutes les grandes fonctions de l'entreprise. Si une superbe innovation technique induit des coûts et changements internes plus élevés que ses espérances de gain, mieux vaut ne pas lancer le projet ! De même, si les ressources engagées cannibalisent et fragilisent d'autres développements jugés stratégiques, une analyse comparée et un arbitrage global s'imposent alors.

Travailler de façon collective

Apporter une idée technique (la peau) au stade de proposition stratégique pour l'entreprise suppose d'impliquer le plus tôt possible d'autres expertises pour évaluer l'impact. Les différents métiers doivent donc être consultés et associés. Cette recherche d'information n'est pas simple, car elle s'effectue souvent de façon informelle, sans temps ni ressources « officielles » dédiées. Elle dépend donc de la bonne volonté des acteurs à consacrer un peu de leur temps à travailler une idée de départ souvent imprécise voire hasardeuse. Elle dépend aussi du savoir-faire de son porteur pour accéder à ces différents apports. On en revient à l'importance du réseau, en interne cette fois. Le projet de Pascal montre que les signaux faibles peuvent être perçus de façon très différente en fonction des points de vue. Plus la « mise en discussion » d'une idée sera importante et large, plus riches en seront les représentations, et plus large en sera son partage. **La force d'un projet dépend de la force du réseau qui le sou-**

tient. Les relations entre Pascal et sa femme, son collègue Gérard et son ami Amin sont caractérisées par la proximité et la confiance interpersonnelle. Ils se parlent franchement et ouvertement, sans crainte de sarcasmes, ce qui rend plus facile l'énoncé d'une idée imprécise.

S'appuyer sur un sponsor

La force d'un réseau interne ne suffit pas. Tous ces acteurs donnent des conseils utiles, mais n'ont pas, à eux seuls, un poids suffisant pour peser dans la balance. **Un sponsor est alors nécessaire.** Paul Lachenal s'avère être le plus approprié. En tant que récent directeur commercial, il a encore besoin de faire ses preuves et d'acquérir de la légitimité personnelle dans l'entreprise. Le projet de robot à peau humaine est à la fois utile à sa stratégie de développement commercial, et un levier pour s'affirmer personnellement comme un porteur de projet. Il a donc de bonnes raisons de s'impliquer et d'ailleurs, c'est lui qui va présenter le projet. Il est, par sa fonction, porteur d'une vision du marché qui manque à Pascal. Enfin, il peut influencer la prise de décision.

Les 3 caractéristiques d'un bon sponsor

- ◆ Il a un intérêt personnel à ce que le projet aboutisse.
- ◆ Il a une vision globale et stratégique.
- ◆ Il est dans les circuits de décision ou peut les influencer.

Savoir vendre ses idées

L'histoire de Pascal montre bien qu'une idée, aussi géniale soit-elle, ne s'impose jamais d'elle-même. Une idée se travaille, se propage, se déforme, se co-construit… pour être, au final, partagée et appropriée. Une idée se confronte à des parties prenantes internes et externes, qui doivent être considérées comme des clients. Pour qu'ils « achètent » l'idée, ils doivent y trouver un intérêt. C'est d'abord au niveau de la manière dont les principales parties prenantes de l'entreprise (les grandes fonctions, les décideurs, les acteurs clés…) portent, soutiennent et défendent le projet que se joue le succès final. Cela signifie qu'il n'y a pas de bons ou de mauvais projets en soi. **Un bon projet est avant tout celui qui trouve « un marché »**, c'est-à-dire un contexte social prêt à le soutenir et à en adopter le contenu. D'ailleurs, à l'issue du comité de direction où le dossier est présenté, Charles Duprès ne semble toujours pas convaincu. Voilà bien un axe de vigilance prioritaire pour le futur !

Affirmer ses convictions et jouer l'effet Pygmalion

Au fur et à mesure de la préparation de la réunion de lancement, Pascal s'approprie le projet. L'appropriation, qui se construit peu à peu et qui transforme l'idée de Fang Pei en « son » idée, relève autant **de la conviction que de la raison**. La croyance en l'intérêt du projet et l'enthousiasme que va manifester son porteur sont également des ingrédients indispensables au succès final. Sa force de conviction peut entraîner les plus réticents, et déclencher une dynamique irréversible. C'est l'effet Pygmalion !

Savoir susciter l'« effet Pygmalion » dans les projets

Pygmalion, roi légendaire de Chypre, sculpta une statue si belle qu'il en tomba amoureux. Pygmalion désira si fort que cette statue puisse devenir réalité qu'elle finit par se transformer en femme qu'il épousa aussitôt.

Suffit-il de vouloir fortement quelque chose pour que celle-ci se réalise ? Certes non, cependant, si un porteur de projet est lui-même empreint de doutes et vacille au moindre obstacle, il y a de bonnes chances que son projet devienne difficile et semé d'embûches. Si, au contraire, il est capable, par sa foi et son enthousiasme, de diffuser auprès des autres acteurs des attentes positives, « l'effet Pygmalion » va jouer et, comme pour le roi de Chypre, transformer son rêve en réalité.

Accepter de travailler « en perruque »

Le parcours de Pascal montre enfin que cette étape de préprojet se situe bien dans une logique d'investissement, pour les acteurs comme pour toute l'entreprise. Rien n'est encore officiel. Aucune ressource (temps, budget…) n'est allouée. À ce stade, la conviction et la bonne volonté des hommes sont les seuls carburants. Raison de plus pour être vigilant à la façon dont l'entreprise va gérer la transition entre cette étape de préétude, et le lancement officiel du projet. Les acteurs engagés dans le préprojet ne sont pas nécessairement les plus compétents pour mener le projet. Comment valoriser néanmoins leur engagement dans cette phase préliminaire et s'assurer qu'ils seront prêts à remettre la même intensité d'énergie dans une situation similaire ? Cette question de la reconnaissance de l'implication dans l'avant-projet est d'importance si l'on veut préserver la capacité collective à faire vivre des idées et à alimenter le portefeuille de nouveaux projets. Si Pascal n'avait pas été nommé chef de projet, on imagine aisément la déception et la frustration qu'il aurait pu ressentir.

Le premier chapitre du roman de Pascal met en évidence la double dynamique de transformation qui s'opère, avant même le lancement du projet : de la détection d'idées en une opportunité, puis de l'opportunité en un véritable projet.

Nous verrons que le projet représente lui-même un nouveau cycle de transformation tendu vers la création de valeur.

Schéma 2 : De l'idée au projet

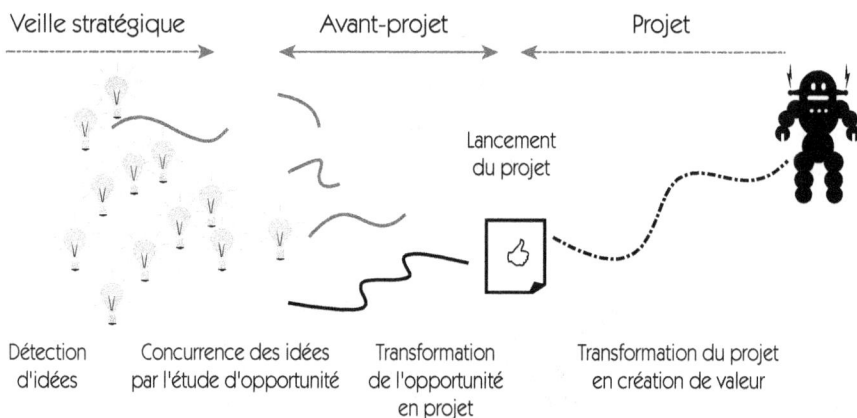

En conclusion, le début de l'histoire montre que **le projet se joue bien avant le projet** ! Le lancement officiel et visible d'un nouveau projet constitue donc autant un point de départ qu'un aboutissement, résultant de multiples efforts, parfois engagés depuis très longtemps et souvent de façon cachée. Le succès d'un projet dépend de la préparation d'un terrain favorable et de la qualité des graines qui sont semées, bien avant que les premières pousses n'apparaissent.

Avant de vous lancer dans un projet pour la 1re fois

➤ Identifiez les facteurs personnels qui peuvent vous rendre sensible au recueil d'idées et d'opportunités nouvelles.

➤ Évaluez le degré d'ouverture de votre entreprise aux idées venues du terrain.

➤ Appuyez-vous sur les dispositifs organisationnels en place pour étayer vos actions.

➤ Sachez vous entourer et appuyez-vous sur un sponsor.

➤ … Et ne soyez pas avare de vos efforts !

2 | Comment définir un projet ?

Un projet est par définition une situation indéterminée, se référant à un futur à construire. Puisque chaque projet est différent, il est essentiel de bien comprendre dans quel type de situation on se situe et quels vont être les éléments structurants de ciblage et de parcours à construire, pour espérer atteindre le résultat visé.

Ce chapitre a pour objectif d'identifier les éléments permettant de définir le plus précisément possible une cible à atteindre et de comprendre les spécificités du processus dans lequel s'engage le chef de projet.

Le projet compris comme un futur désiré, à construire

Même lorsque le projet est officiellement lancé, le chef de projet ne peut que rarement s'attendre à intégrer une structure, à disposer de nouveaux moyens et à endosser un nouveau costume, taillé par avance. Comme le constate Pascal après sa nomination, « *rien n'avait changé* ». La nature même d'un projet est d'être... un projet, c'est-à-dire, comme le définit *le Petit Robert* « quelque chose que l'on se propose de faire », une déclaration d'intention dont la construction reste à organiser, planifier et piloter, jusqu'à une réalisation tangible qui en marquera la fin.

Il faut alors se méfier du statut de chef de projet dont la légitimité existe d'autant moins qu'il se situe hors hiérarchie et dont l'épaisseur et la substance ne grandiront que proportionnellement à l'avancée et à la visibilité du projet. D'ailleurs, les conditions professionnelles de Pascal, et notamment son salaire, n'ont pas changé ! Être chef de projet ne doit donc pas être considéré sous l'angle d'un statut, stable et permanent, mais comme un rôle précaire, lié à une mission ponctuelle. Il invite en cela son titulaire à rester humble et plus soucieux de la construction progressive de sa légitimité que de signes de reconnaissances immédiats.

Après le Codir, le projet est officiellement lancé. Dans quelle situation s'est donc fourré Pascal ? Qu'est-ce qu'un projet et quelles en sont les particularités ? Quels sont les principaux éléments à définir pour pouvoir se repérer ?

Un projet représente un futur à construire, qui doit s'envisager selon deux angles différents et complémentaires :

◆ une cible à atteindre, qui représente la situation finale idéale, une fois le projet terminé ;

◆ un parcours à réaliser, au cours duquel va se construire progressivement l'objet visé.

Projet : une diversité de sens

Le terme de projet n'a pas le même sens dans toutes les langues. Le sens donné par les Français privilégie l'intention, l'objectif que l'on souhaite atteindre (par exemple, le projet de la maison que l'on veut faire construire). Les Anglo-Saxons ont une conception plus pratique et plus concrète quand ils se réfèrent, sous le terme de *project*, au passage de l'intention à l'acte, à l'organisation de la réalisation progressive de l'objet tant qu'il n'est pas terminé (par exemple, le chantier de la maison en train d'être construite).

Les deux sens sont complémentaires et nécessaires : un projet représente à la fois une démarche organisée et un résultat visé.

Schéma 3 : Le projet, à la fois cible et parcours

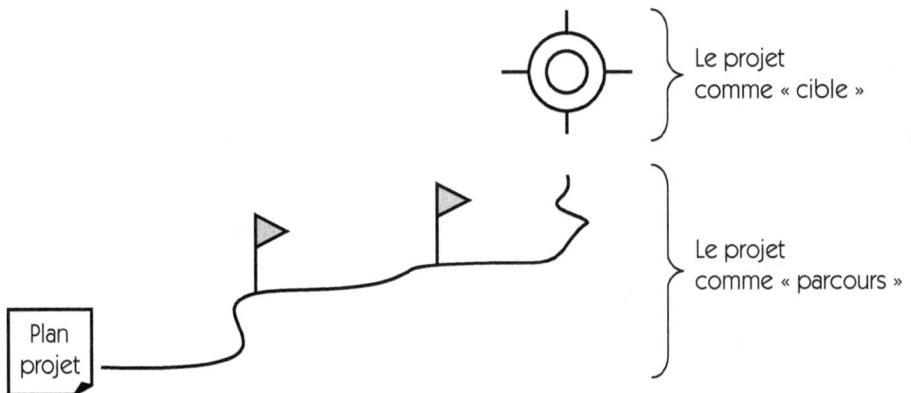

Le projet comme « cible »

Le projet comme « parcours »

Plan projet

Définir la cible du projet

Lancer un projet consiste d'abord à définir un résultat à atteindre et les conditions de réalisation de ce résultat. Comme dans un voyage, il faut commencer par identifier du mieux possible la **destination d'arrivée.** Nous allons lister, en ce sens, un certain nombre de recommandations.

Dans un second temps seulement, se posera la question des chemins à emprunter pour y parvenir de façon efficace.

Ne jamais oublier le client du projet

Un projet se définit avant tout par l'identification d'un client. **Pas de projet sans client !** Attention cependant : cette évidence est trompeuse. Dans des projets plutôt innovants comme celui de Pascal, **le client n'est pas forcément repéré à l'avance**. En externe, on peut supposer que les enfants seront des cibles privilégiées, mais peut-être aussi leurs parents (qui paient) ou encore les distributeurs (qui achètent le produit), et pourquoi pas les « adulescents », dont il faudrait définir les besoins particuliers.

N'oublions pas les clients internes, tels Gérard Lesage qui cherche à faire évoluer les méthodes de travail, Paul Lachenal qui raisonne sur l'offre commerciale, Gaël Peluzzi qui est soucieux de la cohérence du positionnement marketing, ou encore Charles Duprès, qui vise la rentabilité avant tout.

Pascal va devoir se repérer dans un ensemble complexe d'acteurs internes et externes **le « système clients »**, et distinguer entre les besoins des décideurs, utilisateurs, payeurs, distributeurs, prescripteurs…

Considérer le résultat sous forme de livrable, d'objectif et d'indicateurs

Derrière l'évidence d'un énoncé spontané (par exemple lancer un nouveau jouet sur le marché) se dissimulent fréquemment des finalités sous-jacentes, plus ou moins explicites et parfois contradictoires entre elles. Dans le cas du projet de Pascal, les objectifs énoncés ne sont pas exclusifs : lancer un nouveau jouet peut permettre de repenser la gamme de produit, d'expérimenter de nouvelles méthodes tout en assurant la rentabilité économique. Au chef de projet de clarifier cette multiplicité d'attentes, d'en analyser la compatibilité, de les hiérarchiser pour formuler au final des objectifs clairs, précis, mesurables, datés et validés.

La cible d'un projet se définit donc par :

- **un livrable**, une réalisation qui matérialise le projet (un pont, un système informatique, un nouveau jouet, un document, une prestation de service…) ;
- **un objectif**, qui s'énonce généralement en termes de niveau de coût, de délai à respecter, de niveau de qualité attendu par le client ;
- **des indicateurs de résultat**, qui permettent de déterminer l'atteinte ou non des objectifs, c'est-à-dire *in fine* le succès ou l'échec du projet.

Évaluer les contraintes et les ressources

Un projet se déroule toujours dans un champ de contraintes et de ressources, déterminé par l'environnement dans lequel il se déploie. Le chef de projet a intérêt à identifier le plus tôt possible les contraintes qui vont peser sur son projet (opérationnelles, économiques, politiques…), les ressources qu'il va pouvoir mobiliser (humaines, techniques, financières, logistiques…) et les marges de manœuvre dont il va pouvoir disposer (par exemple pour négocier de nouvelles ressources, ou contourner des contraintes apparentes).

Il est notamment intéressant d'identifier quelles sont les possibilités de négociation sur les objectifs de coûts, délai, qualité. **Toute marge de manœuvre est bonne à prendre** et desserre l'étau des contraintes. Le chef de projet doit notamment apprendre à **distinguer les contraintes effectives, de celles qu'il imagine**. Trop souvent, on considère qu'un client ne sera pas favorable à telle ou telle disposition. On imagine qu'il refusera une nouvelle solution car elle génère une surdépense… en oubliant simplement de lui poser la question.

Trois modes de pilotage principaux, en fonction de la force des contraintes

- ◆ Pilotage par les coûts : le projet se déroule à budget fixé et non renégociable. On parle de *design to cost*. C'est dans ce type de situation qu'on trouve généralement des possibilités de décalage temporel ou d'abaissement du niveau de qualité, pourvu qu'on respecte le budget.

- ◆ Pilotage par les délais : certains projets (type événementiel) doivent démarrer coûte que coûte à une date fixée à l'avance. Les dérapages de coûts ou de qualité sont alors fréquemment observés, pourvu que l'on soit dans les délais.

- ◆ Pilotage par la qualité : le bon niveau de qualité est à définir précisément avec le client du projet, ce qui peut donner des marges de manœuvre sur le délai et le budget. Il faut se méfier de la tendance à produire de la surqualité, qui n'est pas jugée utile par le client.

- ◆ Enfin, certains projets présentent un niveau de qualité attendue très élevé, dans le cadre d'un budget et d'un délai stricts et non négociables. Se pose alors la question des moyens à mobiliser pour réussir dans un tel champ de contraintes où l'on ne peut trouver de marge de manœuvre sur un critère en en détériorant un autre !

Formaliser un plan de projet

L'estimation de tous ces éléments (besoins du client, livrable final, objectifs de coûts, délai, qualité, indicateurs de mesure, niveau de contraintes, ressources disponibles…) constitue le contrat de départ du projet. Il est important de les formaliser dans un plan de projet (lettre de mission, cahier des charges ou fiche de lancement). Dans le cas de Pascal, la phase d'analyse d'avant-projet semble avoir été assez bien menée pour donner des éléments suffisants de cadrage pour lancer officiellement le projet.

La lettre de mission de Pascal n'en reste pas moins vague et imprécise, étant donné le caractère particulièrement novateur du projet pour cette entreprise traditionnelle.

L'histoire va montrer que les caractéristiques techniques, la cible de clientèle visée, les objectifs de coûts, délais, qualité, vont progressivement émerger au cours de la démarche mise en place par Pascal. Un projet, surtout innovant, présente la particularité d'être une « situation Janus », aux deux faces indissociables : une cible et un parcours. Ces deux aspects se codéfinissent tout au long du projet : la cible donne une orientation au parcours, alors que le parcours fait évoluer et précise la cible à atteindre.

Ce que doit contenir, globalement, un cahier des charges

◆ Des données générales : enjeux, contexte, contraintes d'environnement, objectif du projet, impacts et risques, critères de succès…

◆ Des données techniques : description du résultat à obtenir, fonctions et usages, contraintes de réalisation, contraintes d'utilisation…

◆ Des données économiques : budget, planning général avec les grands jalons, moyens et ressources, organisation du projet, compétences requises…

Ce que contient en plus une lettre de mission :

◆ La définition et les limites de responsabilités du chef de projet (ses droits et devoirs).

◆ La définition des modes de communication et de contrôle avec le commanditaire, dans leurs formes (réunions, reportings…) et leur fréquence.

Prendre en compte les caractéristiques du parcours

Sur la base d'un cahier des charges, il s'agit maintenant de piloter le projet, c'est-à-dire de mener des actions et d'enchaîner des activités qui vont permettre de passer d'une situation présente (ou rien n'existe) à une situation future souhaitée (celle du succès du projet). Le projet s'apparente à un parcours, un itinéraire au cours duquel vont se confronter en permanence ce qui a été prévu et estimé (en termes d'objectif, de contraintes, de ressources) et ce qui se passe vraiment, petit à petit, au fur et à mesure des livrables intermédiaires (jalons) et points à date.

Comme on le voit sur la figure présentée plus tôt, le parcours d'un projet est sinueux car la réalité des événements est toujours différente de ce qui a été prévu. La situation dans laquelle se trouve Pascal met en évidence cinq caractéristiques essentielles du parcours-projet. Nous les reprenons successivement dans ce qui suit.

Considérer le projet comme un parcours d'apprentissage en continu

La première semaine que passe Pascal à la tête de sa nouvelle mission montre bien la réalité de ce qu'est un projet lors de son démarrage, c'est-à-dire... rien ! Il va falloir **apprendre chemin faisant**. La première caractéristique d'un projet est donc d'être **un dispositif d'apprentissage** pour répondre à un problème complexe aux solutions encore inconnues.

L'apprentissage réalisé dans le projet Zumanoïdes porte sur deux aspects principaux :

◆ **apprentissage sur le processus :** Pascal va progressivement apprendre à piloter son équipe, à créer de l'implication collective (par exemple, lors de la recherche de solutions aux problèmes de communication électronique avec le robot), à nouer des relations avec des partenaires (Fang Pei ou encore MicroEngine) et, bien sûr, appréhender progressivement la dimension politique du projet et interagir avec les différents décideurs de Créaludo, Charles Duprès en tête ;

◆ **apprentissage sur le contenu :** d'une idée de départ, centrée sur l'évolution d'un jouet existant, à l'invention d'un concept complètement en rupture, où l'usage compte plus que le produit, résulte une démarche apprenante de questionnement, de tâtonnements, d'essai-erreur et d'expérimentation en continu.

Mais l'apprentissage n'est pas un phénomène extérieur aux acteurs : il les fait évoluer en même temps qu'il fait évoluer leurs représentations et leurs pratiques. Pascal et son équipe vont grandir au cours du projet : ils vont acquérir de nouvelles compétences, partager des méthodes spécifiques, avoir une autre compréhension de l'entreprise, mieux se connaître et apprendre à agir dans une situation de forte incertitude.

Bien sûr, cet apprentissage peut être inconfortable, porteur de doutes, et déstabilisant. Mieux vaut s'y attendre, pour mieux l'anticiper et réagir le moment venu. Le pire est d'envisager un projet comme une situation de maîtrise totale, qui rendra bien plus douloureuse la nécessité de s'adapter et donc d'apprendre face aux imprévus.

Être ouvert aux aléas et incertitudes tout au long du parcours

L'incertitude est, par définition, au cœur des projets. De nombreux aléas de toute nature peuvent émerger à tout moment. Il faut donc **se méfier de la tentation naturelle de tout vouloir maîtriser**, préciser et planifier… ce qui revient à fermer le projet. Comme le dit Amin, le sage consultant ami de Pascal : *« Dans ce que tu proposes, tout est linéaire, séquentiel… Il faut que tu intègres que l'incertitude fait partie du jeu, mais que cela nécessite une autre façon de penser ton action. »*

Cette autre façon de penser repose sur une posture de vigilance et de questionnement permanent, utile pour garder à l'esprit que rien n'est jamais acquis. Entendons-nous bien : loin de nous l'idée de déclarer l'inutilité des plannings, budgets et autres systèmes formels de prévisions. Mais il ne faut pas oublier qu'ils ne sont que des points de repère à un moment donné et que leur intérêt repose principalement dans l'aide à l'anticipation, à la remise en cause, à l'adaptation et au changement qu'ils apportent.

Admettre que le parcours est borné dans le temps et irréversible

Le rapport au temps est essentiel dans les projets. Entre un début (la décision de lancement) et une fin (la livraison), le sablier s'écoule inexorablement et le temps perdu ne se rattrape pas. Tout l'art du management de projet est de découper la durée du projet en grandes étapes, pour réduire l'incertitude et évaluer régulièrement, à chaque étape, le « réalisé » et le « reste à faire ». Comme nous le verrons plus tard (et comme l'a appris Pascal à ses dépens…), **chaque étape doit viser une finalité particulière**. Avoir négligé une phase, ou bien ne pas convenablement en avoir atteint les objectifs, risque de créer des lacunes ou des imperfections, qui seront d'autant plus difficiles à récupérer que l'échéance approche et que les décisions et choix effectués auront déjà engagé des ressources. Un projet est donc un processus **à fort degré d'irréversibilité** où les retours en arrière et changements de stratégie d'action sont de plus en plus difficiles, au fur et à mesure de l'avancée de sa progression.

Associer des compétences complémentaires dans un parcours collaboratif

Un projet est une construction nécessairement collective dont le succès dépend de la combinaison d'apports et de compétences différentes mais complémentaires. Même un projet individuel, pour aboutir, doit pouvoir s'appuyer sur des tiers qui apportent des ressources.

L'enjeu du chef de projet est de savoir identifier les compétences nécessaires au projet, mais également de construire une organisation permettant de les mobiliser, et de les combiner le plus efficacement possible pour réaliser un objectif qu'aucune prise isolément n'aurait pu atteindre. Constituer une équipe projet, plus ou moins formelle, représente la façon la plus habituelle de faire coopérer des contributeurs de différentes expertises – parfois de plusieurs origines (plusieurs organisations d'appartenance, plusieurs cultures…) –, qui n'ont pas vocation à rester ensemble au-delà du terme de leur mission. **L'équipe projet constitue un cadre propice à la transversalité et à la multidisciplinarité**, à condition que ses membres apprennent au plus vite à bien travailler ensemble. C'est au fil des interactions sociales, débats, confrontations, voire conflits, qu'émergent à la fois le chemin mais aussi le résultat final du projet.

Mais d'autres contributeurs potentiels se situent en dehors de l'équipe projet. Préciser et structurer les rôles et responsabilités de chacun va permettre de pouvoir bénéficier des bonnes ressources au bon moment : compétences, mais aussi conseils, informations, décision… et contrôle.

Pascal découvre aussi, lorsqu'il prend conscience de l'importance de créer un comité de pilotage (Copil), le paradoxe que présente une situation d'autonomie qui nécessite de penser les modes de contrôle !

Structurer les contributions des acteurs en distinguant 3 rôles principaux

◆ La maîtrise d'ouvrage : ce sont les commanditaires du projet, c'est-à-dire ses clients (internes ou externes), qui forment le comité de pilotage. Le rôle d'un tel comité est de formuler des objectifs, de libérer des ressources, de valider des choix et orientations, et de suivre et contrôler l'avancée du travail par une information régulière et formalisée (revue de projet, reporting). Un Copil restreint, comme l'a installé Pascal, composé d'acteurs légitimes et capables de prendre des décisions stratégiques sans être engagés dans la mise en œuvre opérationnelle semble idéal pour garantir un pilotage stratégique efficace du projet.

…/…

© Groupe Eyrolles

_ .../... _

◆ La maîtrise d'œuvre : ils sont réunis au sein d'une équipe projet, plus ou moins formelle. Ils consacrent tout ou partie de leur temps pour réaliser, conduire et piloter la maîtrise d'œuvre du projet. La raison d'être d'une équipe projet est de... réaliser le projet. Mieux vaut donc choisir des acteurs compétents et motivés. L'enjeu est d'organiser de façon optimale le travail collectif (en termes d'affectation des rôles et responsabilité, de coordination, de règles de fonctionnement...) par rapport à l'objectif visé. Dans des grands projets, une partie des compétences de maîtrise d'œuvre peut être sous-traitée à des prestataires externes.

◆ Les contributeurs externes : tous ceux qui sont peu ou prou concernés par le projet, sans faire partie directement de l'équipe opérationnelle mais dont l'apport ponctuel peut être décisif. Il s'agit notamment des acteurs métiers, membres des grandes fonctions de l'entreprise, ou encore des fournisseurs externes, des sous-traitants, des partenaires, experts... Comme Amin, qui est une source d'expériences et de conseils précieuse pour Pascal, ils peuvent contribuer en apportant des idées, de l'information, du temps, des compétences, du soutien, des financements... Au chef de projet d'être cependant habile dans l'économie de l'utilisation de ces ressources, s'il ne veut pas qu'elles s'épuisent sous de trop fréquentes sollicitations, imprécises et mal préparées.

Être conscient des risques du parcours pour l'entreprise comme pour l'individu

Un projet est toujours, pour partie, **une situation singulière**, hors du processus habituel et routinier de l'organisation qui l'abrite. Prendre en charge une situation nouvelle de ce type exige une nouvelle organisation personnelle, et pose immédiatement les questions de charges de travail supplémentaires et d'absorption de cette suractivité, surtout dans des contextes de détachement à temps partiel, comme c'est le cas de Pascal.

Sa première mesure est de réfléchir à une délégation d'une partie de son activité à un de ses subordonnés. Cela montre bien qu'un projet ne se conçoit pas isolément de l'organisation qui l'abrite et qu'il impacte de façon directe ou indirecte toute l'organisation, y compris les acteurs qui ne sont *a priori* pas concernés. Une partie du succès actuel du management de projet dans les entreprises tient justement au fait qu'il présente des vertus au-delà même de son périmètre, en tant qu'outil de développement collectif, par exemple par le recours croissant à la délégation. Bien sûr, le revers de la médaille se situe dans les déstabilisations que ces changements peuvent induire dans une organisation qui va se trouver bouscu-lée par ces activités temporaires, transversales et consommatrices de ressources, dont les impacts en interne sont rarement anticipés.

Pour définir un projet

➤ Travaillez d'abord sur l'identification du système client et sur l'expli-cation… ou la création des besoins.

➤ Définissez le plus précisément possible le résultat à atteindre sous forme de livrables, d'objectifs et d'indicateurs.

➤ Appuyez-vous sur un plan de projet formalisé pour valider le par-tage du projet.

➤ Créez les conditions d'un apprentissage accéléré dès le début du projet.

➤ Restez ouvert aux incertitudes, imprévus et risques pour mieux les intégrer.

➤ Questionnez et négociez les contraintes pour vous donner des marges de manœuvre.

➤ Structurez les rôles et contributions des acteurs pour utiliser au mieux leurs ressources.

➤ … Et faites-vous à l'idée que tous ces éléments évoluent et se redéfinissent pour partie au fil du temps !

3 | Comment structurer la dynamique d'un projet dans le temps ?

Pour réduire l'incertitude et mesurer en continu l'état d'avancement d'un projet par rapport aux prévisions, des méthodologies et outils sont généralement développés de façon spécifique. Ils servent à structurer l'avancée de la réalisation dans le temps (phasage) et en suivre les principaux paramètres (coût, délai, qualité).

Ce chapitre a pour objectif de mettre en évidence le caractère conventionnel des outils utilisés, dont la fonction première est finalement de partager une même représentation du projet et de disposer d'un support de communication commun. Il insiste aussi sur la dynamique managériale de pilotage d'un processus dans le temps qui, au-delà de la dimension technique, assure un judicieux équilibre entre des orientations contradictoires. Enfin, on discutera de l'intérêt d'outils de planification et gestion économique, adaptés au caractère incertain et flou des projets d'innovation.

Structurer le projet pour mieux (se) le représenter

Structurer un projet consiste à le découper en grandes étapes, dont la fin est marquée par un jalon et matérialisée par un livrable. Le passage d'une phase à l'autre est conditionné par une décision du commanditaire (client, maître d'ouvrage, comité de pilotage…) : décision de lancement au début puis décision de poursuite, de réajustement ou parfois d'arrêt du projet (*go – no go*). Plus le projet se rapproche de son objectif, plus la décision d'arrêt est évidemment coûteuse et difficile à prendre, en regard des investissements déjà effectués.

Le découpage représenté ci-après est bien entendu très général. Dans la plupart des projets, les macro-étapes de conception et réalisation sont elles-mêmes découpées en sous-étapes plus précises. Dans les projets de nouveaux produits ou de services, comme celui de Pascal, le glissement progressif de la conception à la réalisation s'effectue au travers des phases d'étude détaillée (d'opportunité et de faisabilité), de développement, de prototypage, de tests techniques et de tests consommateurs et enfin de présérie.

**Schéma 4 : Le découpage générique d'un projet
en différentes étapes**

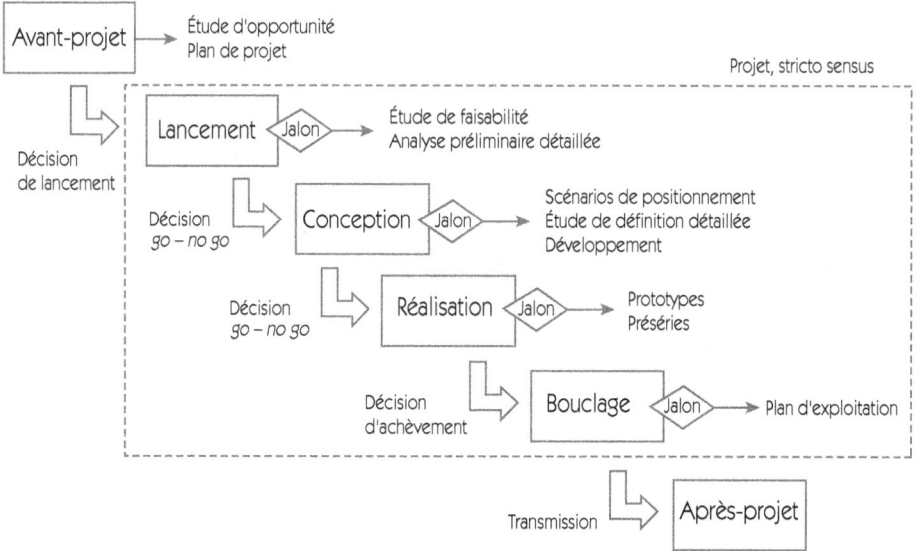

Le nombre de sous-étapes, leur dénomination et leur finalité dépendent des types de projet, des situations précises, des cultures métier… et des conventions sur lesquelles s'accordent des acteurs !

Il reste que l'approfondissement d'une structuration oblige les acteurs à s'accorder sur des travaux à réaliser, à les positionner dans une logique d'ensemble. L'exercice qui consiste à élucider le déroulement du projet, ses phases, ses jalons, ses livrables, les acteurs impliqués, les moyens disponibles, les critères d'évaluation… est un excellent moyen de partager une représentation de ce que sera le projet. Cela doit également préparer le chef de projet à comprendre qu'il devra modifier ses priorités, ses « orientations », selon chacune des phases.

Changer l'orientation d'une phase à l'autre

Quel que soit le découpage, chaque étape doit être caractérisée par des finalités et enjeux propres, qui conditionnent des priorités d'actions, des livrables, des modes d'organisation ainsi que des méthodologies et outils privilégiés, comme l'indique la figure suivante.

Pour illustrer les différences d'orientation entre une phase et celle qui lui succède, prenons l'exemple du projet de Pascal lors du passage de la phase de lancement à celle de conception, au printemps de la première année du projet.

**Tableau 1 : Les orientations d'action diffèrent d'une phase
à une autre, au cours d'un projet**

		Phases					
		Avant-projet	Lancement	Conception	Réalisation	Bouclage	Après projet
Orientations d'action	Enjeux et finalités	Passer de l'idée au projet	Engager les ressources clés	Générer des scénarios pour le projet	Organiser la réalisation efficace du scénario retenu	Livrer les livrables à la date et selon les modalités convenues	Capitaliser et transférer l'expérience
	Priorités d'actions	Mener une analyse préliminaire générale	Vendre le projet et construire une représentation commune	Explorer des pistes de développement du projet Préparer la prise de décision	Responsabiliser, déléguer, contrôler	Finaliser, résoudre les derniers problèmes, jouer les pompiers	Effectuer un retour d'expérience et passer le relais
	Livrables	Cahier des charges	Plan de projet	Scénarios détaillés argumentés	Prototypes et préséries qui matérialisent le projet	Dossier d'exploitation	Exploitation Industrialisation

Les travaux de l'équipe ont porté, dans la phase de lancement, sur une étude générale, qui est restée relativement confidentielle. Dès le retour des congés, après un lancement plutôt réussi, l'enjeu de la phase de conception est clairement posé : il faut encore plus ouvrir le projet, mais de façon organisée pour associer d'autres partenaires (internes et externes) et concevoir avec eux un plan de développement détaillé. À une finalité d'étude générale, de défrichage « à grande maille » que pouvait réaliser une petite équipe en circuit fermé succède une phase d'étude détaillée de scénarios d'actions et d'approfondissement des pistes de développement, nécessitant une organisation sans faille, un traitement rigoureux de données précises et une coordination de multiples contributeurs.

Des méthodes et outils de gestion de projet plus pointus sont nécessaires, dans des domaines comme ceux de la planification, de la circulation de l'information ou du suivi des coûts.

Faut-il changer l'équipe projet d'une phase à l'autre ?

La stabilité d'une équipe est un facteur d'efficacité : les individus ont appris à se connaître, des modes de fonctionnement collectifs et des automatismes ont été développés au cours du temps, la solidarité et la confiance mutuelle sont élevées. Cependant, les compétences et modes de fonctionnement utiles à un moment ne correspondent pas forcément aux besoins nécessaires à une autre phase.

À l'inverse, une équipe projet soumise à un turn-over trop élevé n'aurait pas de mémoire collective et souffrirait d'un manque d'appartenance et d'esprit d'équipe préjudiciable à la performance.

Une équipe projet est donc un subtil équilibre entre stabilité et changement, mémoire du projet et remise en cause, compétences de conception et compétences de réalisation.

À chaque nouvelle étape d'un projet, il est utile de se poser la question des nouvelles compétences à intégrer dans l'équipe. Quels sont les nouveaux profils nécessaires pour régénérer l'équipe ? Quelles sont les compétences mobilisées précédemment et qui sont moins utiles dans la nouvelle phase du projet ?

Une équipe n'est qu'un moyen pour atteindre un objectif ultime : réussir le projet. Sa composition n'est pas nécessairement stable dans le temps, et doit évoluer en fonction de la nature des compétences nécessaires à chaque phase. La notion d'équipe à géométrie variable prend ici tout son sens !

Ouvrir le projet dans les phases amont

Appréhender le projet sous l'angle de grandes étapes successives est important pour jalonner un parcours en tronçons, mais ce découpage technique reflète mal l'importance stratégique que présentent les phases amont du projet (lancement, étude, développement). En effet, un projet présente le risque de s'enfermer trop rapidement dans un cahier des charges, issu de la phase d'avant-projet. Le démarrage d'un projet consiste d'abord à ouvrir au maximum le nombre d'options possibles, pour la cible visée comme pour le parcours à réaliser. Cette phase d'exploration est essentielle dans des projets d'innovation. Elle passe par des mécanismes spécifiques, que le projet de Pascal nous permet de revisiter.

Faire exprimer les représentations en présence

Le premier enjeu du chef de projet est de faire exprimer tous les acteurs clés du projet sur la façon dont ils envisagent à la fois son résultat et le processus pour l'obtenir. En effet, puisqu'un projet n'est, au départ, que le produit d'une intention, il y a fort à parier que les visions sur le projet ainsi que les enjeux en présence diffèrent d'un acteur à un autre.

Au sein du Codir, Pascal, grâce à son intelligente tactique qui consiste à d'abord faire s'exprimer les participants, recueille d'emblée des attentes de différentes natures :

◈ dynamiser l'ensemble de l'offre produits (Paul) ;

◈ veiller au positionnement marketing (Gaël) ;

◈ développer la capacité à collaborer et améliorer l'efficacité des processus internes (Gérard) ;

◈ assurer la rentabilité économique (Charles).

---

5 avantages d'ouvrir au maximum le projet en phase amont

◈ Informer et donner de la visibilité sur le processus et sur le contenu (… et tuer les rumeurs).

◈ Enrichir les représentations et recueillir toutes les bonnes idées.

◈ Susciter l'intérêt et l'engagement.

◈ Faire exprimer les positions des acteurs (synergiques ou antagonistes).

◈ Identifier le cadre dans lequel peut se jouer le projet (zones d'autonomie, marges de manœuvre, limites, contraintes…).

Lors de sa présentation consultative, puis dans le « chat » sur le forum de l'intranet qu'il anime, il propose d'associer au plus tôt l'ensemble des métiers. « *Il ne faut pas attendre que tout soit conçu, avant de voir ce qu'en pensent les gens de l'aval, par exemple dans les réseaux* », explique-t-il. Associer en amont des expertises aval permet d'intégrer beaucoup plus tôt, et donc beaucoup plus vite, des erreurs et approximations de conception ou encore, selon la belle expression de Pascal, de « *lever un maximum de lièvres le plus tôt possible* ». Bien sûr, dans la mise en œuvre de cette démarche participative, Pascal se heurte immanquablement à l'épineuse question de la mobilisation de ressources (notamment aval) sur un projet qui n'est qu'en phase de conception (en amont), avec une légitimité encore en construction.

Organiser l'ingénierie concourante

L'ingénierie concourante (ou simultanée) est une méthode spécifique qui repose sur le principe d'association dès l'amont de toutes les compétences concourant à la conception à la réalisation et à l'exploitation d'un produit, au sens large.

Contrairement à une approche séquentielle où les différentes fonctions interviennent les unes à la suite des autres – les scénarios sont explorés un par un –, l'ingénierie concourante consiste à générer et explorer simultanément de multiples scénarios en parallèle et à en estimer la pertinence sur l'ensemble de ses dimensions (faisabilité industrielle, position marketing, modes de distribution, perspectives de rentabilité…).

Un second aspect de l'ingénierie concourante est de favoriser le recouvrement des phases de conception et de réalisation, et la transversalité des expertises contribuant au projet. Il s'agit d'obtenir une implication des acteurs de l'aval du projet le plus en amont possible. Les phases sont chevauchantes et allongées par rapport à un développement séquentiel, pour un délai total réduit, comme le montre la figure ci-dessous.

Schéma 5 : Du développement séquentiel… au développement concourant

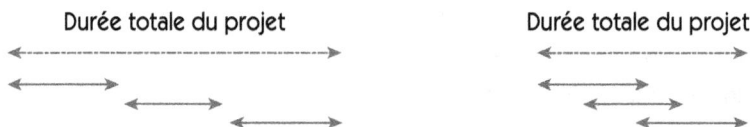

Un autre intérêt de cette démarche est d'éviter que les éventuelles négligences ou les retards des acteurs en amont soient assumés uniquement par les acteurs en aval, qui n'en sont pas responsables… mais qui devront pourtant bien trouver des solutions !

Converger vers un scénario

Un projet d'innovation n'a pas seulement besoin d'idées géniales, mais de solutions globales, inscrites dans un cadre d'objectifs et de contraintes. L'enjeu des phases amont d'un projet est de passer de l'expression des représentations à une formulation complète de scénarios d'action et de pistes de développement.

Seul un travail collectif va permettre d'analyser des idées pour les transformer en solutions réalistes et performantes pour développer le projet. L'ouverture sur des experts de tous les domaines (comme les questions de distribution, par l'intermédiaire de Luigi Pietri) est ici nécessaire pour construire un scénario intégrant l'ensemble des dimensions (financières, techniques, commerciales, logistiques, qualité, distribution…) et en évaluer la pertinence. La nécessité de converger vers un scénario fédérateur est renforcée par la situation d'urgence que vivent en général les projets. S'il est important de laisser les options techniques « ouvertes » le plus longtemps possible, il n'est pas contradictoire de concentrer les énergies sur un cadre global partagé, et d'autant mieux accepté qu'il aura été produit dans un processus de négociation valorisant.

En quelque sorte, le scénario global du projet permet de retarder des choix techniques précis. Sans vision globale, les acteurs ont tendance à vouloir se rassurer en prenant des décisions souvent hâtives, et génératrices d'irréversibilité.

Veiller à équilibrer exploration et réalisation

Au-delà du découpage linéaire d'un projet en étapes séquentielles, il est important de s'intéresser à la dynamique de ces phases dans le temps.

Le processus d'exploration consiste à identifier et travailler plusieurs scénarios en parallèle, lors des phases situées en « amont » : phase de lancement, d'étude d'opportunité, de faisabilité… Il doit déboucher sur plusieurs propositions solides de solutions pour développer le projet, faisant l'objet d'une analyse comparée multicritères (coûts, délais, qualité, faisabilité, pertinence par rapport aux objectifs…) qui, au fur et à mesure, va mener à une phase de choix parmi les quelques alternatives les plus robustes.

Ensuite, les phases dites « aval » (production, bouclage…) consistent à mettre en œuvre et réaliser le scénario finalement retenu.

Schéma 6 : La dynamique d'exploration/réalisation

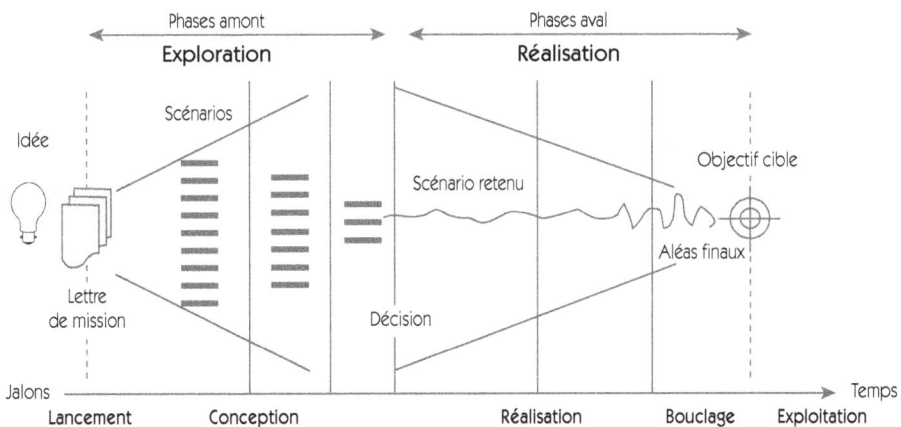

Cette représentation permet d'énoncer quelques principes clés de la dynamique d'un projet.

◆ La phase d'exploration doit permettre d'ouvrir le champ des possibles en générant le maximum de solutions et de scénarios d'actions, certains pouvant être très innovants. Les objectifs d'un projet peuvent toujours être atteints de différentes manières. Il convient d'en identifier le plus possible et d'en analyser la faisabilité et la valeur.

◆ Aucun choix trop hâtif ne doit donc être effectué. Au début d'un projet, « *il ne s'agit pas de décider vite, mais d'augmenter l'efficacité de l'exploration* »[1]. Cela signifie qu'il ne faut pas se précipiter sur la solution qui paraît la plus évidente. « *Il faut se méfier des évidences* », aurait d'ailleurs sagement conseillé le regretté Jean Duprès.

◆ Plus l'exploration aura été complète, plus les conditions seront optimales pour une prise de décision efficace concernant le choix d'un scénario (même si une part de risque et d'incertitude demeure toujours).

◆ Ainsi, un projet est successivement un processus d'ouverture et de fermeture. Sa performance dépend du dosage entre le temps consacré à l'exploration de multiples solutions et celui préservé pour mettre en œuvre une solution retenue.

Les risques d'une exploration insuffisante ou tardive

Par rapport à ces principes théoriques de développement concourant, quelle analyse porter sur le projet de Pascal ?

Il faut reconnaître que la réflexion sur le scénario du robot pour « adulescents » arrive tardivement par rapport à l'avancée du projet (comme le lui fait remarquer d'ailleurs Charles Duprès : « *votre présentation aurait dû se faire il y a au moins six mois* »). La fenêtre ouverte pour l'exploration est presque fermée, à ce stade du projet. De nombreuses ressources sont déjà consommées.

Cette proposition tardive oblige à prendre en compte et intégrer des irréversibilités qui ne peuvent plus à ce stade être remises en cause (le principe de la peau, les fonctions des micromoteurs…). La construction du scénario doit se faire sous de fortes contraintes qu'elle n'aurait pas rencontrées si elle avait été menée plus tôt. Mais comme le dit Pascal, « *on ne pouvait pas refaire l'histoire !* »

---

1. C. Midler, *L'auto qui n'existait pas*, InterEditions, 1992.

Les dangers de l'escalade de l'engagement !

L'escalade de l'engagement désigne le fait de s'en tenir à une décision, même s'il est clairement prouvé qu'elle est mauvaise. Dans un projet, plus des investissements auront été engagés dans un scénario (du temps, de l'argent, de l'implication…), plus la remise en cause des choix effectués et le retour en arrière seront difficiles. Poursuivre coûte que coûte une action dans laquelle on s'est déjà fortement engagé permet de justifier tout ce qu'on a fait jusqu'ici. On comprend donc pourquoi il est si important de réfléchir avant d'agir et, en mode projet, de retarder les phases de décision et d'engagement, qui créent des irréversibilités.

Pascal se retrouve finalement avec deux scénarios possibles pour mener son projet :

- coller exactement au cahier des charges en créant un nouveau jouet robotisé pour les enfants. Le projet reste alors dans le cadre du positionnement traditionnel de Créaludo, mais son prix de revient supérieur de 25 % heurte la logique dominante de réduction des coûts ;

- concevoir et réaliser un compagnon multifonctions électronique pour « adulescents ». Le projet offre une voie de diversification et de différenciation stratégique, mais sort alors du cahier des charges et du cœur de métier de Créaludo.

Comme le reconnaît Pascal, l'équipe s'est jusqu'ici trop focalisée sur le tissu à texture de peau humaine. « *On a oublié le sens, l'usage !* ». La tentation de se concentrer sur la question technique a fait perdre de la hauteur de vue sur le projet et l'a enfermé trop rapidement dans une voie unique.

Dans une dynamique idéale du projet, Pascal aurait dû explorer en parallèle ces deux scénarios. Ils présentent chacun des avantages et inconvénients. Une analyse comparée aurait dû être produite pour que le comité de pilotage puisse choisir de façon raisonnée et éclairée.

Choisir et déployer des outils de gestion de projet adaptés

Quels sont les bons outils de gestion de projet à utiliser ?

La réponse est simple… Le meilleur outil est celui qui est le plus adapté à votre projet, à son degré d'avancement et à votre capacité à l'utiliser !

Mieux vaut des méthodologies moins précises et moins exhaustives dans l'absolu mais mieux utilisées et appropriées. D'ailleurs, comme le fait habilement Pascal, décider ensemble au sein de l'équipe quel outil choisir est déjà un bon moyen de partager une vision sur ce sujet !

Les paramètres à prendre en considération pour choisir des outils adaptés

- La facilité d'utilisation (surtout quand les membres de l'équipe ne sont pas des experts).
- Le stade d'avancement du projet (si, comme Pascal, votre projet est déjà démarré, mieux vaut privilégier des outils capables d'être intégrés rapidement, sans perte de temps).
- La culture projet et le degré de maturité de l'entreprise (pour Créaludo, c'est le premier projet).
- La facilité de recourir à une assistance (si vous travaillez avec un prestataire extérieur, est-il aisément accessible ?).

Il est incontestable qu'un outil de gestion, par sa conception, ses règles de gestion ou ses modes d'usage, peut être structurant pour le travail d'une équipe projet.

Les outils sont nombreux et généralement facilement accessibles dans les entreprises ou sur le marché. Ils concernent les principaux domaines inhérents au projet : ordonnancement des tâches et planification des ressources, gestion économique, analyse des risques, tableaux de bord de suivi…

Il faut évidemment être vigilant à ne pas se faire forcer la main par un revendeur externe, ou par les « bonnes pratiques » en interne. Il faut se méfier des outils « miracles » à vocation universelle dont on pourrait penser qu'ils vont, à eux seuls, permettre de mieux maîtriser le projet.

Choisir entre les méthodologies internes et les outils spécifiques pour le projet

Confronté au management d'un projet pour la première fois, un chef de projet a le choix entre l'utilisation de méthodes qui sont déjà disponibles au sein de son organisation, ou bien se tourner vers l'extérieur, pour acquérir les solutions les mieux adaptées à sa situation.

Suivre les « bonnes pratiques » et méthodologies déjà en vigueur dans son organisation présente l'intérêt de bénéficier immédiatement des savoir-faire internes. Le risque peut être cependant d'utiliser, sous prétexte de conformisme, des outils inadaptés aux caractéristiques précises d'un projet, toujours particulier.

À l'inverse, recourir à des solutions extérieures a le mérite de l'adaptation « sur mesure » à des besoins précis, mais présente le danger de la dépendance vis-à-vis de prestataires marchands.

Dans le cas de Créaludo, qui n'a pas d'expérience projet, la solution proposée par Amin s'impose naturellement. Rapatrier un package « clés en main » d'outils de gestion de projet évite de tout réinventer et permet de gagner du temps. L'externalisation de la gestion en mode ASP permet d'être immédiatement opérationnel, et de ne pas polluer les systèmes internes par des applications qui ne concernent que le projet. La question de la participation du service informatique interne se posera peut-être ultérieurement, si le mode projet se généralise chez Créaludo.

Pour coller aux caractéristiques du projet Zumanoïdes, Pascal va opter pour un système de planification par « événements clés », une méthode de gestion par « la valeur acquise », et l'utilisation d'un « workflow ».

Principes d'une planification selon la logique des événements clés

De façon classique, planifier un projet consiste à recenser toutes les tâches, à affecter les responsabilités de leur réalisation et à programmer leur production dans le temps en fonction des ressources disponibles (humaines, techniques, financières…). On crée ainsi des fiches et tableaux des tâches, des diagrammes de Gantt et des réseaux Pert.

Ces techniques d'ordonnancement sont efficaces pour des projets bien balisés, pour lesquels on est capable d'identifier de façon exhaustive les tâches à réaliser, d'estimer de façon fiable des délais de début et de fin, de construire *a priori* des logiques d'enchaînement et de chemin critique.

Comment faire dans des projets à fort degré d'innovation et d'incertitude, où les tâches précises sont aux départs inconnues, de même que l'ordre de leur combinaison et les ressources qu'elles nécessitent ?

La méthode du futur-passé et l'outil « master plan » permettent d'appréhender ce type de situation.

La méthode du futur-passé

Lors de la planification d'un projet, il est difficile de construire de façon précise des étapes linéaires ou des enchaînements de tâches quand on ne dispose pas d'expériences préalables. Comment être sûr de bien identifier les points de passage obligés et les étapes clés ?

…/…

...*/*...

Il est souvent plus facile de se projeter dans le futur, en imaginant ce que seraient les caractéristiques du projet une fois terminé, dans une situation finale qui serait idéale. C'est le principe de base de la méthode du futur-passé : il s'agit de transformer le futur en passé, se projeter dans l'avenir pour imaginer ce que serait le projet s'il était idéalement réussi puis raconter le déroulement pour en arriver là, analyser les facteurs de succès, identifier à rebours les principaux livrables intermédiaires nécessaires pour atteindre ce résultat, puis décliner progressivement des sous-projets plus précis.

Le référentiel temporel n'est plus un planning, mais un « master plan » (ou tableau d'événements clés). Il s'agit d'un document unique, regroupant tous les livrables intermédiaires, points de passage obligés pour atteindre l'objectif final. Chaque contributeur spécialiste métier doit alors s'engager sur le respect du livrable relevant de sa responsabilité et de son domaine de compétence. À lui ensuite, en tant que spécialiste, d'ouvrir la boîte noire de son livrable, pour définir, planifier et organiser les tâches précises qui le composent.

Avec cette méthode, le pilotage d'un projet accentue le principe de responsabilité et d'autonomie des différents contributeurs qui s'engagent lors de la construction du référentiel temporel. La démarche est ainsi bien plus collective que celle qui consiste à confier à un responsable de planning le suivi de l'avancée des tâches, souvent abstraites pour lui.

Enfin, la démarche aide à prendre des décisions, non pas par rapport à un avancement physique des tâches, mais en se projetant à chaque instant dans le futur, en recherchant les facteurs de risques pouvant remettre en cause l'atteinte des livrables, et donc, au final, des objectifs.

Les principes de la gestion par la valeur acquise

Cette approche consiste à passer d'une logique budgétaire de suivi des dépenses à une logique de valeur créée par le projet. Les dépenses comptables reflètent le passé et sont disponibles *a posteriori*, ce qui pose problème pour les projets, où il faut réagir vite en cas de dérives. Le contrôle doit aussi s'affranchir d'un rythme constant (par période) qui n'a pas de sens pour un projet. **Le reporting doit être calé sur le rythme du projet** et ses phases, en fonction de son avancement, du réalisé du moment, et de la projection du « reste à faire ».

Le principe de la valeur acquise est de gérer le projet de façon relative et non de façon absolue, à un moment donné. L'outil visualise le rythme théorique auquel l'ensemble du projet va progresser pour acquérir au final une valeur globale.

Schéma 7 : Visualisation du rythme théorique du projet

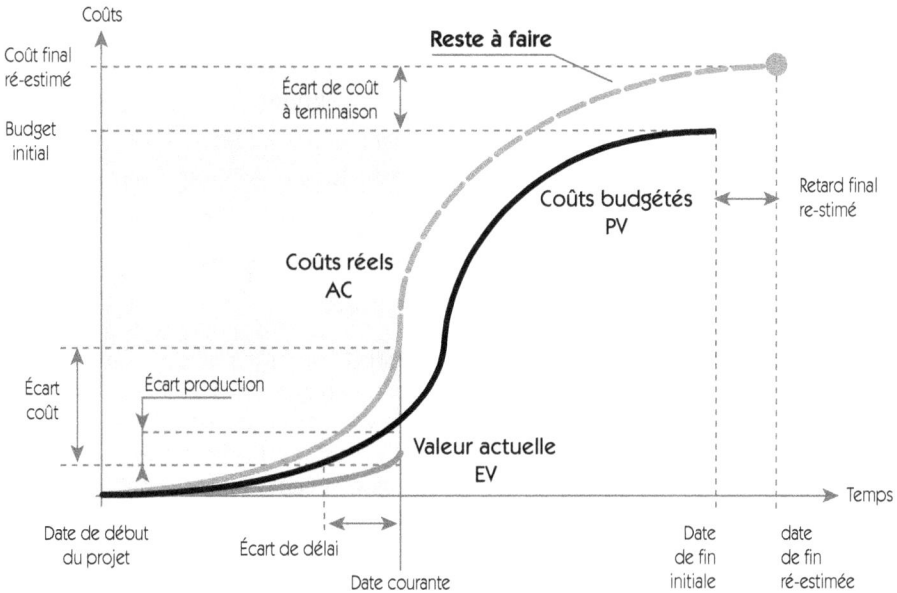

La courbe des coûts budgétés (PV : *planned value*) indique la valeur cumulée/au budget prévu, à la date courante. Afin de pouvoir répondre à la question « Quelle est la situation du projet en termes de coûts dépensés ? », il faut déterminer le coût réel actuellement engagé, à la date courante (AC : *actual costs*). Dans la situation du dessin, les coûts effectifs sont supérieurs au budget (AC>PV). Pour répondre à la question « Quelle est la situation du projet par rapport à la valeur finale visée ? », on construit une 3ᵉ courbe (EV : *earned value*, ce qui signifie littéralement « valeur gagnée »). Dans la situation présentée, les coûts engendrés sont plus élevés que la valeur gagnée (AC> EV). Cela représente une situation où le travail accompli coûte plus que prévu. En outre, EV est inférieure à la valeur prévue (EV<PV) à la date d'analyse, ce qui signifie que le projet est en retard. Des prévisions à l'accomplissement peuvent être dérivées des données en extrapolant les courbes et donner à tous une représentation commune propice à des renégociations pour corriger le tir pour les prochaines étapes du projet.

Il faut donc insister sur le **caractère managérial et collectif de la méthode**, au profit du seul contrôle. Plutôt que de se crisper sur le passé, les acteurs-contributeurs peuvent rediscuter en permanence sur les conditions d'une projection commune sur le reste à faire pour atteindre les objectifs de coût-délai.

En conclusion, ce qu'il faut retenir de ces outils, c'est qu'ils permettent de passer d'une logique de contrôle *a posteriori* au pilotage en temps réel. Les outils ne sont certes que des outils, mais ils n'en sont pas neutres pour autant. Ils structurent et conditionnent les comportements.

À ce titre, les outils collaboratifs modernes : workflow, systèmes collaboratifs (groupware, blog projet…) permettent de partager des informations en temps réel, au sein d'un ensemble parfois vaste d'interlocuteurs, voire même de travailler ensemble à distance, sur une base de documents partagés.

Qu'est-ce qu'un workflow ?

Un **workflow** est un flux d'informations au sein d'une organisation, comme par exemple la transmission automatique de documents entre des personnes. De façon pratique, le workflow décrit le circuit de validation, les tâches à accomplir entre les différents acteurs d'un processus, les délais, les modes de validation, et fournit à chacun des acteurs les informations nécessaires pour la réalisation de sa tâche. Il permet généralement un suivi et identifie les acteurs en précisant leur rôle et la manière de le remplir au mieux.

Le choix des outils fait par Pascal se justifie par rapport aux comportements d'anticipation, de responsabilisation et de dialogue qu'ils induisent. Ils ont moins une vocation d'outils précis de suivi et de contrôle que de supports de communication, de négociation, de mobilisation et d'aide à la décision partagée.

Pour structurer la dynamique d'un projet dans le temps

➤ Découpez le projet en grandes étapes pour permettre une représentation partagée de la logique d'ensemble.

➤ Distinguez clairement les finalités, priorités d'actions, modes d'organisation et livrables de chaque étape.

➤ Ouvrez au maximum le projet au début, pour enrichir la formulation et l'exploration de scénarios de développement.

➤ Choisissez et déployez les méthodes et outils les plus adaptés aux caractéristiques du projet et à la capacité des acteurs à les utiliser.

➤ … Et n'oubliez pas que les outils sont avant tout des constructions sociales, dont la finalité principale est de favoriser le partage de représentations, le langage commun, la négociation et la coordination des différents acteurs-contributeurs du projet.

4 | Comment générer de l'innovation par le projet ?

Un projet est par nature une situation propice à la créativité et à l'innovation. Il représente une opportunité réelle de remise en cause et d'expérimentation tant sur le contenu (capacité à développer un nouvel objet technique) que sur le processus (capacité à travailler plus vite, moins cher ou différemment que par les routines organisationnelles établies). Pourtant cette créativité ne se décrète pas, elle se provoque.

L'objectif de ce chapitre est de présenter les principales sources de créativité que l'on peut activer dans un projet. Ensuite, nous verrons que la concrétisation d'une proposition en innovation doit composer avec l'organisation pour mieux s'y intégrer et pour contourner les éventuelles résistances au changement.

Faire du projet un bassin de créativité

Diversifier et adapter les types de créativité

Plusieurs types de créativité doivent être distingués dans un projet, chacun ayant sa place à un moment privilégié et pour des objectifs particuliers.

Dans le projet Zumanoïdes, au moins 4 modalités de créativité très différentes se sont succédées.

La créativité par les salariés

Le principe est de solliciter les compétences des collaborateurs de l'entreprise, et pas seulement de ceux qui seraient officiellement en charge de l'innovation. Pascal met en place un dispositif « on line » sur un forum qui invite à l'**expression d'idées de la part de tout le monde dans l'entreprise**. Ce type d'outil, très adapté quand il s'agit de recueillir de façon très ouverte les idées ou réactions du plus grand nombre, nécessite un savoir-faire de pilotage particulier par la modération des échanges. Il est exigeant pour l'animateur, car il demande une présence et une réactivité de tous les instants pour soutenir les premiers apports, relancer pour en générer d'autres, et s'assurer que la dynamique ne s'essouffle pas trop vite. Les avantages sont de « ratisser large » et de favoriser la participation quasi exhaustive. Tout le monde peut ainsi participer de façon à la fois réfléchie (prendre son temps avant de répondre) et rapide (par la facilité du système)… et surtout anonyme, sans autres engagements.

La créativité par le produit

Dans ce cas, le produit en tant qu'objet sert de base à la réflexion. On le décompose, on l'ausculte. On imagine que certaines fonctions évoluent, disparaissent, apparaissent. Dans le cas du projet Zumanoïdes, l'analyse des fonctions est essentielle. L'équipe s'interroge sur les fonctions que doit couvrir le robot. Ils arbitrent en précisant que le robot n'est pas un être à part entière mais un médiateur entre les membres d'une communauté. En terme de créativité produit, la recherche de solutions de fabrication moins coûteuses amène les membres de l'équipe à procéder à une analyse de la valeur (par exemple sur la fonction communication).

Qu'est-ce que l'analyse de la valeur ?

L'analyse de la valeur consiste à analyser les différentes fonctions d'un produit. Le but est de vérifier, pour chacune, si elle correspond à un réel besoin et donc de considérer les services rendus par un produit, une application ou une prestation au regard des coûts initiaux prévus. Cette méthode permet de remettre l'utilisateur au centre du projet, en prenant en compte la valeur qu'il accorde au projet (valeur d'usage, de service ou même d'estime), au-delà des seules fonctionnalités techniques.

Par exemple, les fonctionnalités d'un tournevis sont de visser et de dévisser. Mais il peut aussi remplir d'autres fonctions, qui peuvent avoir une valeur pour l'utilisateur : être agréable à utiliser, à manipuler ou à regarder, donner une impression de robustesse et/ou de légèreté, s'intégrer dans une gamme, donner une image valorisante de l'entreprise…

La créativité par les utilisateurs

C'est la troisième démarche de Pascal, qui valorise les **usages**. Cela concerne par exemple des produits qui n'existent pas sur des marchés qui n'existent pas encore[1] ! Il s'agit moins de trouver de nouvelles idées que de mettre à l'épreuve de l'utilisation des applications nouvelles et hybrides sur la base d'une technologie existante. Puisque le client n'existe pas encore, les membres de l'équipe

---

1. Selon l'expression de Paul Millier dans *Stratégie et marketing, de l'innovation technologique*, Dunod, 2005.

découvrent par la simulation grandeur nature les opportunités et contraintes d'usage que permet le robot. L'innovation porte tant sur la place de créateur qui est conférée à l'usager, à la fois dans les contenus créés et déposés, que dans l'invention des applications possibles *(« inventer la vie qui va avec »)*. Lors de cette démarche, on remarque l'importance de se confronter avec la réalité pour créer des améliorations en chaîne. Par exemple, la résolution du problème du robot de Greg qui reste les bras en l'air permet d'améliorer l'esthétisme, la stabilité et, au final, de réduire le risque de réparation. L'attitude du chien de Lætitia fait penser à de nouvelles applications de surveillance. Au-delà de l'objet technique, la créativité porte bien sur le concept modulaire d'un contenant dans lequel l'utilisateur peut mettre son propre contenu.

La créativité de l'équipe projet

La créativité de l'équipe projet est dans une dynamique humaine en unité de temps et de lieu. Pascal utilise aussi la recherche d'idées en groupe nominal restreint, qui s'appuie sur des techniques comme le célèbre brainstorming ou encore les démarches analogiques, métaphoriques, ou dites par le détour ou l'absurde, qui consiste à puiser des idées dans des univers différents. Comme le dit Pascal, « *ce sont souvent dans les idées exagérées que l'on trouve la base de choses plus raisonnables* ». Le cas nous montre l'utilisation d'un outil de type « diagramme d'affinités », qui consiste, à partir d'une question ouverte (« *que ferions-nous si les robots n'étaient pas des jouets pour enfants ? »*) à exprimer individuellement des idées sur des petits cartons collants, de façon visible pour l'ensemble du groupe et de les rassembler collectivement dans des sous-ensembles cohérents, ouvrant sur de multiples univers.

Les facteurs humains facilitant la créativité

Les méthodes, démarches et outils de créativité sont d'autant plus efficaces qu'ils s'ancrent sur un terreau humain favorable, et une prédisposition des individus et des équipes à exprimer et explorer des idées nouvelles.

Tout d'abord, la capacité à formuler des idées nouvelles demande une autre posture personnelle, plus ouverte et qui permet de se « dévoiler » face aux autres. Cette posture repose sur un ingrédient clé : la confiance en soi et la confiance inspirée aux autres. L'exemple de Lætitia est représentatif : alors qu'elle est imposée au sein de l'équipe (sur des critères qui n'ont rien à voir avec ses compétences), elle devient une contributrice clé inattendue dans le projet, dès qu'elle retrouve de la confiance et de la légitimité.

La composition de l'équipe compte aussi. Pascal réunit des compétences différentes et complémentaires : système d'information, conception et produits nouveaux. Le recours à des « naïfs » ou à des regards extérieurs au sujet traité est un mécanisme efficace pour apporter des points de vue et idées nouvelles.

Enfin, le cas met en évidence la dimension collective de la créativité : des individus en confiance au sein d'une équipe transversale, formée de compétences différentes et qui font rebondir leurs idées les unes sur les autres, pour aboutir, au final, à une solution solide et inédite, qu'aucun individu n'aurait pu exprimer seul. Les applications du « D.o.e. » connecté par Wi-Fi se construisent progressivement par les apports successifs et reliés de Franck, Greg, Lætitia et Pascal !

Le mode d'animation et le comportement de Pascal influencent directement la capacité du groupe à être créatif. Il pousse de façon ostensible à consacrer du temps à poursuivre des idées déviantes, même si cela présente des risques pour l'avancée du projet. Il est également à l'écoute des « idées faibles », c'est-à-dire des idées énoncées de façon imprécise et incomplète, mais qui ne demandent qu'à être explorées… ou oubliées en fonction de l'attention qu'on leur porte. Pascal fait preuve d'une grande sensibilité à l'égard des idées et leur cheminement. C'est son rôle, en tant que chef de projet, de faire en sorte que les propositions qui seront immanquablement émises au détour des conversations ne se perdent pas, et que les plus prometteuses fassent l'objet d'un approfondissement.

Enfin, une autre qualité que manifeste Pascal est de savoir tirer parti du potentiel des membres de son équipe. Au-delà des compétences requises *a priori*, un bon chef de projet doit être attentif **aux compétences susceptibles de se révéler en situation**, au sein de son équipe. C'est lui qui a permis à Lætitia de reprendre confiance, non pas de façon abstraite, mais en l'impliquant concrètement sur un chantier marketing. C'est en engageant les personnes dans l'action que l'on crée de l'assurance et de la confiance, surtout dans des aventures incertaines comme le sont celles des projets.

Passer de la créativité à l'innovation puis au changement

Mais, on l'a dit, la raison d'être d'un projet ne se limite pas à générer des idées, même géniales, mais de concevoir et réaliser des solutions globales, pour répondre aux besoins des clients.

Force est de constater que le nouveau scénario qui émerge des réunions de créativité, même s'il émerge tardivement dans le processus, est porteur d'une véritable innovation, à un triple niveau :

- **innovation technique :** elle porte sur le produit lui-même et ses fonctionnalités nouvelles : tissu à texture de peau humaine, articulations complexes, connexion Internet par Wi-Fi, intégration de composants électroniques recyclés, etc.
- **innovation processus :** elle porte sur la façon de conduire les opérations de conception et de réalisation, et d'associer l'ensemble des acteurs d'une façon partenariale (comme MicroEngine ou Fang Pei) ;
- **innovation d'usage :** elle porte sur les utilisations nouvelles que va permettre le produit. L'usage est ce qui va modeler la technologie, l'ajuster et la détourner pour la faire approprier par les utilisateurs. Pour les Zumanoïdes, l'usage n'est pas seulement ludique, mais aussi informationnel (recevoir des e-mails) autant que social (rester branché avec sa tribu par l'intermédiaire de son compagnon robot).

Principe d'évidence/principe de pertinence

- L'évidence correspond au principe qui consiste à se représenter une réalité de façon « objective », en fonction d'éléments constitutifs qu'on peut voir, toucher, mesurer… Une bouteille est évidemment une bouteille.
- La pertinence correspond au principe qui consiste à se représenter une réalité de façon « subjective », en fonction d'une intention, d'un objectif, d'une situation. Une bouteille peut être un projectile ou un extincteur, en fonction de l'usage qu'on en fait.

Cette distinction avait été bien mise en évidence par le regretté Jean Duprès, lorsqu'il avait conseillé à Pascal de « *se méfier des évidences* ». Le Zumanoïde est à l'évidence un jouet pour enfants. L'appréhender sous l'angle du principe de pertinence le transforme en « D.o.e. », compagnon électronique pour « adulescents » aux usages illimités.

On assiste à l'émergence progressive **d'un repositionnement du projet du fait d'une exploration approfondie**. « *Le sens a émergé progressivement de l'action* » dira Pascal.

Le projet devient réellement innovant dans le sens où il « sort du cadre » des objectifs et du cahier des charges fixé (ce qui est d'ailleurs reproché par Charles). Il touche directement la stratégie clients/produits de Créaludo, et même l'identité et la raison d'être de l'entreprise.

Développer l'innovation foisonnante

L'innovation nécessite de sortir du cadre des raisonnements et schémas de pensée traditionnels.

Par exemple, l'approche classique du marketing consiste à analyser des segments de marchés existants et à cibler des besoins exprimés par des clients. La dynamique de création des robots compagnons électroniques inverse la démarche. C'est l'offre qui va jouer le révélateur du besoin et **créer le marché**.

Dans cette perspective, la démarche consiste à provoquer une rencontre entre un objet technique, des utilisateurs et des applications, dans un processus foisonnant de proche en proche. Une multitude de grandes inventions se sont véritablement révélées dans des applications pour lesquelles elles n'avaient pas été prévues à l'origine : le téléphone, la nitrocellulose, Internet...[1] Dans cette phase, le projet bifurque, foisonne, prolifère : l'usager réagit, rebondit, suggère des idées d'applications qu'il n'aurait pas imaginées seul, hors de l'interaction avec l'objet.

On est loin de l'objet technique du départ : l'étoffe de couleur chair de Fang Pei qui aura finalement joué le rôle de catalyseur, et non d'innovation centrale. La créativité se déplace de l'objet technique vers les applications, de l'inventeur à l'utilisateur, du fournisseur au client. Cette « externalisation de la créativité » la rend potentiellement illimitée ! C'est là que tout se joue. Des applications inédites sont ainsi découvertes par le mini-panel que constituent les membres de l'équipe projet : transmettre de l'information, diffuser de la musique, des séquences vidéo, surveiller son chien, sa maison, ses enfants... On peut imaginer l'infinité des applications que pourra trouver la multitude des consommateurs. **L'usager devient créateur. L'objet devient un simple support**. « *Le robot est un prétexte, pas une fin en soi* », dira d'ailleurs Pascal.

D'ailleurs, cette innovation foisonnante ne s'arrêtera pas avec les premières productions de « D.o.e. ». Les réunions post-projet auront comme fonction d'enregistrer de nouveaux usages qui vont apparaître au fur et à mesure des utilisations qu'inventeront les consommateurs. Un lien pourra être maintenu entre Cré@ludo et ses clients finaux, l'entreprise assumant le rôle d'animateur de communauté d'usagers. Un positionnement réellement innovant, si on le compare à celui d'un simple fournisseur de jouets, uniquement en contact avec des intermédiaires distributeurs !

© Groupe Eyrolles

---

1. J. Jacques, *L'Imprévu ou la Science des objets trouvés*, Éditions Odile Jacob, Paris 1990.

Évaluer l'impact des changements générés… et des résistances au changement

En se transformant progressivement et en remettant en cause l'organisation et les orientations de l'entreprise, le projet est, de ce fait, lui-même remis en cause.

Prenons l'exemple de l'opposition de Georges à l'introduction du système de gestion par la valeur acquise. Cette méthode s'oppose à celle en place dans l'entreprise. À l'inverse d'une approche classique, pilotée par le contrôle de gestion, qui établit des coûts standards d'unités d'œuvre, sur la base irréfutable de pratiques historiques et de données objectives, ce sont cette fois les responsables métiers qui estiment la valeur des macrotâches et négocient ensuite avec le chef de projet, par rapport à un objectif futur. La logique est totalement inversée, et les rythmes comptables bouleversés.

Mais surtout, cette approche change les rapports de pouvoir, au détriment du contrôle de gestion. Les contributeurs métiers et le chef de projet sont aux commandes. Cela peut poser des problèmes de cohérence, quand les contributeurs du projet sont extérieurs (comme MicroEngine). La position avantageuse de MicroEngine (peut-être tout à fait justifiée par rapport au projet), peut changer le rapport de force de ce partenaire avec l'ensemble de l'entreprise. Georges, en tant que contrôleur de gestion garant des grands équilibres de l'entreprise, joue son rôle d'alerte sur ce qu'il juge être un franchissement de ligne jaune.

Ce projet va avoir de multiples impacts sur les autres fonctions de l'entreprise : la distribution par exemple, où Luigi Pietri, animateur du réseau, va devoir prendre en compte ce nouveau produit, la production bien sûr, avec de nouveaux procédés à maîtriser et des relations à établir avec des partenaires eux-mêmes parfois nouveaux (comme Fang Pei, localisé en Chine), le marketing enfin, avec de nouvelles actions à inventer pour des segments de marchés en dehors des registres habituels du secteur du jouet.

Le projet percute donc directement les systèmes en place dans l'entreprise

Même le fait de les contourner (par exemple, dans le cas du système informatique en ASP, qui contourne les SI internes) risque d'être mal accepté.

De plus, le projet, pour poursuivre sa logique d'innovation, s'autonomise et prend ses distances par rapport à l'organisation qui l'abrite. On observe en effet un décalage progressif de l'équipe projet qui s'emballe sur une nouvelle voie et se déconnecte du reste de l'organisation. La plénitude ressentie par Pascal est certes énergisante, mais elle crée une bulle autour de l'équipe et de son idée. Le retour sur terre sera d'autant plus douloureux…

Les dangers du confort de groupe

Une équipe projet, surtout si elle fonctionne de façon cohésive, court le risque de se complaire dans « un confort de groupe » (*groupthink* en anglais). Les membres de l'équipe, emballés par une idée ou une méthode de travail dans laquelle ils se trouvent bien, risquent d'éviter les échanges avec l'extérieur, facteur de perturbation, de dissonance voire de remise en cause. Plus la dynamique collective interne à un groupe est forte, plus celui-ci peut avoir tendance à se replier insidieusement sur lui-même, sans s'en rendre compte. Attention, c'est dans ces situations que l'on risque de ne plus prêter attention aux signaux faibles en provenance de l'environnement qui indiquent que le contexte est en train de changer, que les attentes des parties prenantes évoluent et que l'équipe projet doit intégrer de nouvelles données. Plus dure sera la chute !

L'émergence tardive de l'idée des compagnons électroniques et l'enthousiasme qu'elle suscite au sein de l'équipe déséquilibrent alors le déroulement du projet. Elle devient, de fait, la seule voie que préconise Pascal qui, en prenant position, ne laisse plus d'autres alternatives au comité de pilotage que de l'accepter… ou de la rejeter.

L'importance des enjeux et des impacts va créer des remous. Quand le projet va de nouveau rentrer en contact avec le reste de l'entreprise, lors du comité de pilotage, les relations vont évidemment se tendre et les positions s'affronter.

Le paradoxe de l'innovation par les projets

Ce cas met en évidence un véritable paradoxe organisationnel à propos de l'innovation, fréquemment observé dans les entreprises. Le comité de pilotage décide de recourir au mode projet pour favoriser explicitement l'expérimentation et l'innovation (rappelons-nous la belle formule de Gérard Lesage qui voyait ce projet comme « *un laboratoire pour expérimenter de nouvelles façons de faire* »). Et pourtant, ce même comité et, par son intermédiaire, toute l'entreprise, résiste de toutes ses forces aux innovations proposées par le projet. Il existe une contradiction entre une volonté affichée de « sortir des routines habituelles » et une force conservatrice de ces mêmes routines vers le *statu quo*.

La dissociation physique et psychologique de la nouvelle gamme de produits de celle qui existe est difficile. Le nom lui-même du projet, Zumanoïdes, est dans la lignée de celui des produits existants : Zandroïdes. Les pressions sont fortes et nombreuses pour rester dans l'univers du jouet.

Il est intéressant de constater que ces pressions ne sont pas le fait d'une personne ou d'un groupe d'acteurs en particulier. **C'est comme si l'organisation dans son ensemble résistait** : que ce soit au niveau des méthodes (par exemple les contrôles qualité et normes en usage dans le monde du jouet), les référents temporels (l'échéance de Noël, la saisonnalité…), les supports de promotion (le catalogue produit), la participation à des événements (ce ne peut être qu'au salon du jouet !), « *C'était comme si "D.o.e." était sans cesse ramené par les routines organisationnelles à un jouet* », remarque Pascal.

Le cas atteste bien le combat permanent et les efforts que doit développer Pascal pour obtenir de haute lutte son statut d'innovation. Il doit se battre contre des automatismes, plus que contre des personnes. Les résistances internes sont souvent les plus difficiles. Le paradoxe va s'exprimer sous la forme d'une opposition, dont le projet va être le révélateur et l'amplificateur.

Pour générer de l'innovation par le projet

➤ Diversifiez les types et les supports de créativité.

➤ Encouragez par votre comportement les comportements créatifs.

➤ Organisez le passage de la génération d'idées à la construction de solutions globales innovantes.

➤ Évaluez l'impact des changements générés par le projet… et des résistances au changement.

➤ … Et préparez-vous pour affronter le paradoxe de l'innovation prônée et du conservatisme des routines organisationnelles en place !

5 | Comment manager l'équipe projet ?

L'équipe projet représente le centre opérationnel de la construction du projet. Elle rassemble des individus porteurs de différentes compétences, et aux motivations diverses. L'enjeu du chef de projet est de susciter des complémentarités et de faire en sorte que les membres de l'équipe travaillent vite et bien ensemble, tout au long du projet.

Ce chapitre a pour objectif de souligner les particularités de la formation d'une équipe projet et d'évoquer les modes d'animation et de management pertinents, notamment pour maintenir la dynamique collective dans le temps.

La constitution de l'équipe

La constitution de l'équipe est une étape cruciale dans la vie d'une équipe projet. Elle en marque les caractéristiques et modes de fonctionnement de façon indélébile, même si les membres sont amenés à changer en cours de route. Quels enseignements peut-on retirer de la façon dont l'équipe projet Zumanoïdes a été constituée ?

Mener une analyse des besoins rigoureuse

Constituer une équipe projet s'apparente à un recrutement et, comme dans toute situation de ce type, une analyse des besoins de compétences devrait être menée de façon rigoureuse : identifier des savoir-faire et expertises techniques, mais aussi les expériences professionnelles et qualités personnelles. Bien sûr, le contexte d'un projet est différent de celui d'un vrai recrutement : comme l'expérimente Pascal, une liste de critères précis et encore plus, une description de poste, sont difficiles à établir. L'affectation à un projet est temporaire, souvent à temps partiel et la plupart du temps interne à l'entreprise. De ce fait, le risque d'une moindre rigueur de la démarche et, au final, d'une réflexion bâclée sur les compétences réellement utiles pour le projet est bien réel. D'ailleurs Pascal semble avoir été un peu vite, comme le prouvent les critiques du Codir (qui, au passage, joue bien son rôle ici), sur l'absence de compétences commerciales et de contrôle de gestion dans la liste proposée.

Se méfier de la tentation de la « dream team »

Une fois menée une réflexion rigoureuse sur les besoins, constituer une « dream team », qui réunit les meilleurs experts dans chaque domaine est un scénario tentant, mais qui s'avère rarement performant. En effet, le monde du sport a maintes fois démontré **qu'il ne suffit pas d'avoir de bons joueurs pour former une bonne équipe**. Les exemples d'équipes composées de stars qui ont du mal à jouer ensemble ne manquent pas. Dans l'entreprise également, de brillantes individualités peuvent même s'annihiler si elles ne parviennent pas à coopérer. D'ailleurs Pascal pressent la difficulté de réaliser « *l'assemblage de ces fortes personnalités* ».

Le chef de projet doit autant raisonner autour des attributs individuels des membres pressentis (compétence, expérience, légitimité, charisme…) que sur des dimensions collectives, liées à la réunion de ces individus (capacité à travailler ensemble, potentiel de complémentarités, effets de synergie, adhésion au projet, esprit d'équipe…). D'ailleurs, des entraîneurs sportifs sont parfois amenés à renoncer à sélectionner de très bons joueurs, au profit d'individualités moins brillantes personnellement, mais plus compatibles sur le plan technique, tactique et relationnel avec le style de jeu et la dynamique de groupe visés.

L'idéal théorique de la « dream team » doit également se confronter au principe de la réalité des disponibilités, motivations et contraintes, qui va amener le chef de projet à faire des compromis.

Savoir composer entre l'idéal et la réalité

L'équipe projet est toujours, au final, le produit d'une rencontre entre des besoins exprimés (d'une façon souvent incomplète et floue) et des ressources qui s'avèrent à la fois disponibles et volontaires. Plusieurs raisons expliquent ce processus pragmatique de constitution d'équipe.

Tout d'abord, les ressources pressenties sont rarement demandeuses (à l'inverse d'un recrutement). Il va donc falloir les convaincre, « les séduire », comme le fait Pascal. L'impact personnel du chef de projet et la force de l'aventure collective qu'il propose peuvent être des éléments déterminants. Mais pas forcément pour tous ! Chacun peut avoir ses propres critères de motivation et d'intérêt. Il faut donc veiller à adapter son discours et ses arguments. Au total, sur les cinq personnes pressenties par Pascal, seuls deux collègues se sont laissés convaincre !

Dans les projets, d'autres paramètres que les compétences sont à l'œuvre, et doivent être pris en compte : les motivations individuelles, les enjeux personnels, l'adhésion au projet et l'envie de s'impliquer, le goût pour le changement voire le risque, la capacité à travailler en équipe et, bien sûr, la disponibilité.

La réalité montre qu'on est toujours dans des logiques de compromis : mieux vaut un expert moins pointu mais qui peut s'intégrer dans l'équipe, mieux vaut parfois recruter un profil difficile à gérer mais qui maîtrise des réseaux essentiels, mieux vaut faire l'impasse sur l'expert idéal dont on mesure par avance qu'il n'aura aucune disponibilité...

Bref, **l'équipe idéale n'existe pas**. Ce constat n'empêche pas au départ de mener une analyse rigoureuse des besoins de ressources nécessaires, puis, quand l'équipe réelle est constituée, de faire un point précis sur les ressources finalement obtenues et les compétences collectives mobilisables.

Enfin, le projet de Pascal montre que **des talents peuvent se révéler en cours de route** : les talents d'animation, de négociation et de stratège qu'il se découvre à l'épreuve du terrain, mais aussi ceux de Lætitia, pourtant en situation de faiblesse et de moindre légitimité au lancement du projet.

Faire de la constitution de l'équipe un enjeu collectif

Pascal pense un peu vite qu'il peut « *faire son marché* » et puiser selon son bon vouloir dans les forces vives de Créaludo. Le Copil lui rappelle avec raison qu'il s'agit d'un enjeu collectif et que le chef de projet n'est qu'un des protagonistes parmi d'autres. Composer dans son coin sa « dream team » est le meilleur moyen de détruire toute appropriation par le reste de l'entreprise.

Les dirigeants, porteurs d'une vision plus globale des choses, ont leur mot à dire sur les projets stratégiques, comme celui de Pascal. C'est cohérent avec le principe d'engagement et de responsabilisation des organes de pilotage. Le Copil de Créaludo joue visiblement déjà bien son rôle, en rappelant à Pascal combien ce projet n'était pas qu'une affaire technique ! De même, les patrons des métiers, en charge de la gestion opérationnelle des ressources de l'entreprise devront être associés. Enlever des ressources aux différents services de façon autoritaire, sans explications et négociations avec les responsables, est le meilleur moyen de miner le terrain du projet. Surtout dans une PME comme Créaludo, où la gestion des ressources (et donc des zones de pouvoir) est souvent fortement personnalisée, la capacité à mobiliser des compétences clés, même de façon ponctuelle, ne peut s'obtenir qu'avec l'entier accord des responsables hiérarchiques, qui deviennent, de fait, des contributeurs solidaires au projet.

Enfin, on l'a vu, les individus eux-mêmes sont libres d'accepter ou de refuser de participer au projet, en fonction de leurs intérêts, motivations, enjeux, priorités… On voit que la démarche de dialogue que propose Pascal suscite des velléités spontanées d'engagement. Il arrive aussi parfois que les premiers membres de l'équipe viennent solliciter d'autres collègues et « cooptent » leur présence dans le groupe.

La composition d'une équipe projet résulte généralement d'un mélange du jeu entre ces acteurs (chef de projet, direction, individus). Cette histoire n'est jamais neutre et conditionne pour partie la dynamique collective qui va s'instaurer dans l'équipe. En effet, on ne se comporte pas de la même façon si on est désigné, choisi ou volontaire. Au chef de projet de se souvenir de pourquoi chacun est là, et des conditions et choix qui l'ont amené à venir.

Créer un collectif à géométrie variable

Le Copil rappelle également à Pascal qu'une « *équipe projet est vivante, et évolue avec le projet* ». Il ne faut donc pas raisonner de façon définitive. Une équipe projet est amenée à fluctuer dans sa composition et sa taille, en fonction de l'avancée progressive du projet.

Sur les projets, il est nécessaire de **raisonner en contribution plus qu'en appartenance**. Dans un projet, certains acteurs peuvent contribuer de façon déterminante à l'avancée d'un projet (par leur pouvoir de décision, leur compétence, leur accès à des ressources clés…) sans nécessairement faire toujours partie de l'équipe. De même, l'appartenance à l'équipe projet peut être limitée dans le temps, en fonction des besoins et phases d'avancement.

Autour d'un « core-team », noyau dur de collaborateurs peu nombreux qui partagent la même vision du projet et qui sont fortement impliqués du début à la fin, existe une « équipe projet élargie », qui regroupe des contributeurs internes ou parfois externes (sous-traitants, fournisseurs…) qui n'ont pas besoin d'être mobilisés de façon permanente. Ils ne se consacrent qu'à temps partiel au projet, en alternance ou concomitance avec d'autres activités. L'enjeu est de maintenir un niveau d'information et d'implication suffisant pour maximiser la pertinence de leur contribution, au moment où celle-ci sera nécessaire.

La figure ci-dessous représente les différents niveaux de structure des acteurs du projet. Au centre se trouve Pascal, le chef de projet, entouré des membres de son équipe.

Les parties prenantes influentes contribuent au 2ᵉ cercle. Même s'ils ne sont pas opérationnellement engagés dans le projet, ils font partie des acteurs clés incontournables, tout au long du projet.

Enfin, les partenaires externes (MicroEngine, Fang Pei…) ainsi que les équipes commerciales, marketing ou en charge de la distribution font partie du 3ᵉ cercle. Ces derniers n'interviennent que tardivement, sur la fin du projet. Leurs apports sont ponctuels, mais n'en restent pas moins d'une grande valeur pour le projet : par exemple, ce sont les commerciaux qui ont proposé d'éditer des kits de déguisement pour les robots ou encore les équipes marketing qui mènent les négociations avec de nouveaux clients potentiels, comme les opérateurs téléphoniques.

Schéma 8 : Différents niveaux d'implication et de contribution

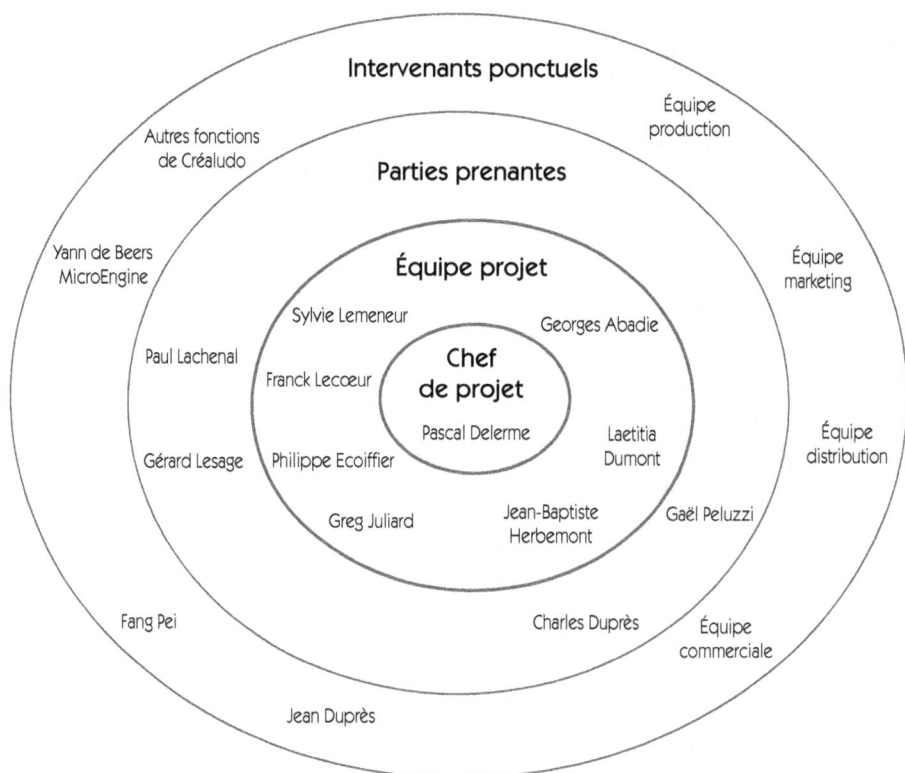

Maintenir une équipe n'est pas une fin en soi : elle ne représente qu'une façon d'organiser les ressources, à un moment donné. Elle n'est qu'un moyen au service du projet. Ce qui importe, ce n'est pas de conserver coûte que coûte l'intégrité de l'équipe de départ, mais de réussir le projet en mobilisant tous les ressources nécessaires, au sein de l'équipe, au sein de la structure de l'entreprise, comme au sein du réseau interne et externe.

Créer une dynamique d'animation de l'équipe

Faire émerger la diversité des représentations du projet au sein de l'équipe

Le récit de la toute première réunion de l'équipe projet Zumanoïdes montre qu'il n'y a aucune raison que les collaborateurs choisis partagent d'emblée la même vision des choses. Pascal doit réussir le délicat passage « *d'une liste de noms à une équipe* ». Il est donc important de consacrer la ou les premières réunions à réexpliquer le périmètre, enjeux et objectifs du projet, recueillir les représentations de chacun, et laisser s'exprimer les éventuels griefs, rancœurs ou réticences. Par exemple, l'intervention de Philippe, qui exprime à juste titre sa frustration de ne pas avoir été choisi comme leader de ce projet, est un message que Pascal doit entendre et intégrer, s'il juge que l'expérience de Philippe lui est indispensable.

Créer une identité et un sentiment d'appartenance du projet

Dans la démarche participative que va lancer Pascal, il est important de construire les supports permettant de faire parler du projet. Baptiser le projet en lui donnant un nom, lui attribuer une salle, créer un forum de discussion à son sujet... « *n'est pas de la cosmétique* ».

Dans une situation initiale où rien de concret n'existe, ce sont des éléments symboliques de ce type qui vont permettre de **faire exister le projet bien avant que son contenu ne soit construit**. Si on assimile un projet à une création sociale, collective et participative, il faut d'abord veiller à lui donner une identité, des signes de repérage pour attirer l'attention et « accrocher symboliquement » le projet dans les esprits.

Quelques éléments facteurs d'identité d'une équipe projet

Un nom, un logo, un lieu dédié, des rituels, un langage propre, des méthodologies et outils spécifiques, des normes de comportements de groupe, des signes d'appartenance observable dans les comportements (solidarité, utilisation du « nous »...). Tous ces éléments sont modestes pris individuellement, mais contribuent, quand ils sont convergents et répétés, à matérialiser et faire exister le projet.

« L'esprit d'équipe », si souvent recherché, n'est pas un attribut que l'on peut décréter, mais une construction progressive, au fil des interactions interperson-nelles. « Des passes d'armes viriles », comme il s'en est manifesté au sein de l'équipe Zumanoïdes sont même nécessaires à cette construction. Le conflit est une bonne chose, si les acteurs arrivent à le dépasser et le rendre productif. L'esprit d'équipe, qui ressort finalement lors de la dernière réunion du projet, s'exprime en termes de respect et de confiance mutuelle. L'histoire de Pascal démontre également que l'affinité et l'amitié ne sont pas nécessairement des ingrédients indispensables au départ d'un projet. Vous n'aurez que rarement l'occasion de pouvoir travailler avec des amis proches. L'essentiel est la dynami-que que vous saurez créer pour faire en sorte que des personnes de toute prove-nance, pas forcément proches au départ, construisent une fierté d'appartenance et d'action, une confiance et un respect mutuel suffisant pour développer un esprit d'équipe constructif.

Engager l'équipe dans l'action

Pour construire cet esprit d'équipe autour du projet, et notamment dès la phase de constitution de l'équipe, il est important de lancer des actions concrètes, ce qui répond d'ailleurs à la demande directe de Franck lors de la première réunion : « *OK, mais on fait quoi maintenant ?* » **Retenons que l'action favorise la cohé-sion**. Dans une situation de forte incertitude, les gens sont nécessairement atten-tifs, inquiets. L'immobilisme est un ennemi redoutable, qui laisse la part belle aux doutes, questionnements et tergiversations de toutes sortes. En cela, la pression des échéances est une arme précieuse pour rassurer les acteurs en les engageant dans l'action concrète. Mobiliser une équipe passe donc par la capacité à mettre tout le monde au travail, sur des missions précises et bien situées dans le temps. C'est ce que fait Pascal en répartissant les rôles et en affectant à chacun un volet de l'analyse de faisabilité ou dans l'exploration de l'idée du compagnon électronique, en fonction des compétences. Il est aussi important que les collaborateurs ne se sentent pas en danger, et se voient confier des premières missions pour lesquelles ils sont compétents et qu'ils sauront mener à bien avec succès. La construction de la confiance et de l'appropriation passe par là.

Créer une dynamique du succès

Le facteur clé de succès est la gestion de cette dynamique et des événements sup-ports matériels et immatériels qui vont la faire vivre. Si rien ne se passe de façon rapide et répétée, surtout dans les premiers temps du projet, on peut être certain que les gens vont investir leur temps et énergie ailleurs. **Il faut donc créer des événements, modestes mais répétés,** pour « *entretenir la flamme* », selon l'expression de Pascal.

Par exemple, après une première information auprès de l'ensemble de l'entreprise, le forum de discussion est un moyen de prolonger immédiatement les échanges, de recueillir des commentaires, idées et premiers engagements et de faire vivre ainsi très vite un débat précieux autour du projet.

Enfin, la dynamique collective de l'équipe projet naissante a également besoin de **s'appuyer sur des succès**. Notamment au démarrage d'un projet, il est fondamental que les premières actions menées, au-delà de leur utilité sur le projet, soient réussies et produisent des résultats visibles et reconnus. La réussite rapide de l'étude de faisabilité a fait marquer des points au projet Zumanoïdes, tant au sein de l'équipe qu'auprès des autres acteurs de l'entreprise. La confiance, l'appropriation, la fierté et donc la mobilisation de l'équipe se construisent au fur et à mesure de ces petits succès. De plus, cette dynamique produit un « effet boule-de-neige », qui suscitera l'intérêt en dehors puis l'envie de rejoindre ou soutenir le projet. Les célébrations et fêtes de tous ordres constituent, dans cette perspective d'identité naissante, des moments privilégiés car ils sont des temps de reconnaissance du travail et des efforts déjà accomplis.

Veiller à la pérennité des énergies et des implications dans la durée

Au global, c'est au travers de la dynamique lancée par Pascal que va se construire progressivement le contenu du projet, à tous les niveaux : auprès du Copil, auprès de l'ensemble de l'entreprise, et au sein de l'équipe projet. Un projet est autant un processus qu'un contenu, un parcours à construire qu'une cible à atteindre. Rappelons-nous les sages conseils qu'Amin, le consultant, donnait à son ami Pascal : « *N'oublie pas que tu dois gérer un projet, et pas résoudre un problème technique. Tu dois créer une dynamique autour du projet, faire en sorte que les gens se l'approprient et t'aident à le façonner, tu dois créer de la transversalité… »*

Si le projet est une situation propice à la suractivité et l'implication totale, il interroge aussi la capacité de l'individu à gérer les interruptions. À des périodes de « trop-plein » succèdent des passages où domine l'impression de « vide ».

Comme les sportifs, il s'agit de **gérer des efforts de longue haleine, et d'apprendre à absorber la succession de rythmes différents.** Aussi est-il nécessaire de savoir alterner des phases d'efforts intenses et de dépassement de soi avec des périodes de relâchement, de récupération physique et mentale, pour régénérer les énergies.

Collectivement se pose la question du redémarrage de l'équipe projet à la fin de chaque phase. L'exemple du redémarrage pénible du projet de Pascal au retour des vacances montre bien que la dynamique ne s'enclenche pas d'elle-même et a besoin d'être relancée. L'équipe ne semble pas encore suffisamment mature pour s'auto-organiser et reste dépendante de son chef de projet. Cet automatisme collectif, qui s'acquiert avec le temps, est un bon indicateur pour mesurer le degré de cohésion et de maturité d'une équipe.

Les principaux leviers d'actions pour relancer une équipe projet au début d'une nouvelle étape

◆ Avoir clairement marqué la fin de l'étape précédente (par un délivrable concret, réunion, bilan d'étape…).

◆ Avoir partagé au préalable une vision (même imprécise et évolutive) du jalonnement prévisionnel des phases suivantes (ce qui reste à faire).

◆ Avoir anticipé suffisamment à l'avance la disponibilité de chacun pour garantir une réunion de lancement avec la présence de tous.

◆ Accentuer le sens de l'urgence au moment de la reprise.

◆ Si nécessaire, jouer la pression par autorité directe (sans pour autant disposer des attributs hiérarchiques pour le faire !).

◆ Recaler l'organisation et repréciser qui fait quoi, pour quand, et comment.

◆ Être soi-même un effet d'entraînement et un diffuseur d'énergie par son comportement déterminé et engagé.

Piloter un projet nécessite donc de savoir découper, séquencer et rythmer un processus de longue haleine, de gérer l'intensité des efforts individuels et collectifs dans le temps, et de veiller au bon synchronisme des efforts. C'est quand les forces vont dans le même sens et au même moment qu'elles se combinent le mieux. Cependant, une implication lourde et soutenue entraîne de la fatigue, physique et mentale. Il est donc aussi important de savoir relâcher la pression, une fois atteints des jalons importants.

Comme le montre la courbe ci-dessous, la « courbe énergétique » doit suivre un processus non linéaire dans le temps, où se succèdent des phases d'accélération et de ralentissement, d'efforts et de récupération.

Schéma 9 : Une dynamique d'implication non linéaire dans le temps

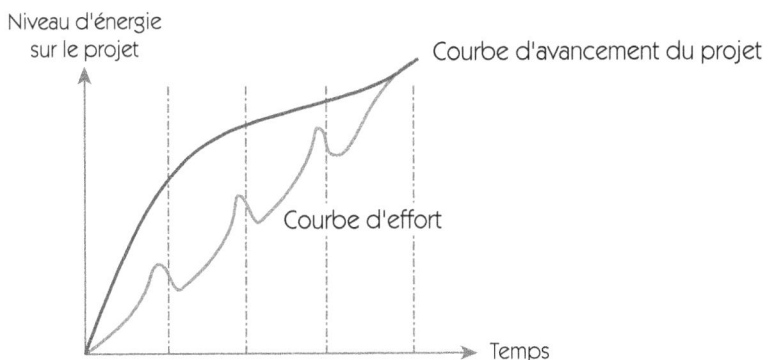

La capacité du chef de projet à gérer le rythme et le timing est donc essentielle. Il faut savoir jouer de la pression mobilisatrice des échéances, séquencées de façon régulière et progressive, et toujours reliées à l'objectif final, qui marquera la fin du projet. Les deux perspectives (court terme et long terme) doivent toujours être envisagées simultanément. Atteindre brillamment un jalon n'a d'intérêt que par rapport à une contribution au succès final du projet. À l'inverse, il faut savoir dédramatiser une étape ratée, si des enseignements suffisants en ont été retirés pour rendre les étapes suivantes plus performantes. Il ne faut pas regarder que les jalons à court terme (syndrome du « nez dans le guidon »), ni avoir les yeux fixés que sur l'objectif final (syndrome de « la tête dans les nuages »), mais bien les deux à la fois.

Adapter et flexibiliser son mode de management

On ne peut analyser la conduite et la dynamique d'une équipe projet sans s'attarder sur un acteur qui y joue un rôle évidemment central : **le chef de projet.**

Simultanément confronté aux exigences du client, aux pressions de sa hiérarchie, aux réticences des directions métiers, aux doutes des membres de son équipe, il est **au cœur de multiples contradictions** et c'est vers lui que convergent les tensions issues de la diversité des acteurs concernés. D'ailleurs, au moment du travail intense sur la recherche de nouveaux usages au concept de compagnon électronique tout juste inventé, un des rôles que se donne Pascal est justement d'absorber la pression, pour préserver les membres de l'équipe et ne pas introduire trop de doutes.

S'adapter aux acteurs et aux situations

Le chef de projet est donc avant tout **un gestionnaire d'interfaces**, entre les clients, la direction, les métiers, les partenaires extérieurs et les membres de l'équipe, entre des problèmes techniques et des enjeux politiques. Mais il doit savoir adapter sa posture aux partenaires, situations et degré d'avancée du projet. Par exemple, il doit se soumettre aux volontés du Codir d'intervenir dans le choix des membres de l'équipe projet. Mais il est ensuite capable de négocier et d'affronter ce même Codir quand il propose un scénario alternatif qui est mal accueilli. Envers son équipe, il est à l'écoute des idées nouvelles et sollicite à l'extrême l'exploration et la créativité dans les phases d'étude. Ne pouvant pas mobiliser l'autorité hiérarchique, il n'hésite cependant pas à jouer de son autorité personnelle, en « *tapant du poing sur la table* » lors de la chaotique réunion de reprise après les congés estivaux. Enfin, il devient un organisateur et un gestionnaire pointilleux dans la phase de réalisation.

Tableau 2 : Évolution des modes de management en fonction des étapes d'un projet

Étapes du projet	Préprojet	Lancement	Développement	Réalisation	Après projet
Mode de management	Entrepreneur Vendeur	Persuasif Mobilisateur	Participatif Négociateur	Délégatif Gestionnaire Contrôleur	Accompagnateur Transmetteur

Enfin, au sein d'une même réunion de l'équipe, Pascal est amené à changer dans l'instant son mode de management.

Par exemple, lors du lancement, il passe au cours de la rencontre avec son équipe par quatre modes de management différents en un temps record :

◆ **mode persuasif** : d'abord, il présente le projet en en montrant les enjeux, intérêts, objectifs et marges de manœuvre pour faire adhérer ses nouveaux collaborateurs ;

◆ **mode participatif** : il suscite ensuite des réactions et écoute les points d'accord, de réticence et de désaccord ;

◆ **mode directif** : puis, il reprend la main en indiquant de façon non discutable la prochaine étape de travail, « *on va monter notre dossier de faisabilité* » ;

◆ **mode délégatif** : enfin, il distribue les tâches.

Dans le pilotage d'un projet, il est nécessaire de **provoquer des ruptures parfois brutales**, y compris dans son mode de management, pour maintenir le cap vers l'objectif final.

Prendre du recul pour s'ouvrir des marges de manœuvre

Un chef de projet doit pouvoir adopter une position « méta », dans la compréhension globale de la situation, et dans la capacité à agir localement. Il s'agit de la capacité d'un chef de projet de comprendre les enjeux du projet, dans toutes ses dimensions, qu'elles soient techniques, méthodologiques, managériales, stratégiques, politiques, ou même symboliques. Il doit savoir entrer dans un univers technique ou marché qu'il ne connaît pas et en maîtriser rapidement les codes afin de prendre ses repères et pouvoir se coordonner aux autres. Il est celui qui comprend les sensibilités et les jeux d'acteurs. Il sait traduire les contraintes des uns pour les autres. Il crée des espaces pour que puissent émerger les compétences. Il module la pression, parfois en l'accentuant artificiellement, parfois en absorbant ces contraintes pour préserver son équipe. Il accompagne chacun et mobilise l'ensemble. Il fait vivre l'équipe.

Cette capacité à prendre du recul, à relativiser, à « lever la tête du guidon » contribue à se redonner des marges de manœuvre sur les contraintes. Attention aux contraintes que l'on se met soi-même ! Par exemple dans le projet Zumanoïdes, le jalon de Noël n'est plus aussi pertinent. Pas la peine de s'enfermer dans une saisonnalité liée au monde du jouet si on joue dans le marché du high-tech ! Les repères initiaux doivent être remis en cause, de même que les contraintes de coût et de qualité fixées au départ.

De même, concernant les réunions du Copil, Pascal a de lui-même décidé de ne plus réunir cette instance durant la dernière étape du projet. Il prend la main et sort du carcan des réunions de reporting régulières, qu'il pressent désormais être des sources de contraintes et de risques pour la survie du projet lui-même.

Le rôle du chef de projet est donc bien de remettre en cause le cadre dans lequel se joue le projet, tout au long de son déroulement, et de savoir questionner les contraintes, se donner de nouvelles marges de manœuvre et redessiner le terrain de jeu pour lui rouvrir des espaces. C'est en cela que le pilotage d'un projet n'est pas qu'une question technique, mais bien stratégique.

Pour manager l'équipe projet

➤ Sachez composer entre l'idéal de la « dream team » et la réalité des ressources disponibles.

➤ Appréhendez l'équipe comme un collectif élargi à géométrie variable.

➤ Créez une dynamique de succès, à base de petites victoires répétées, pour créer de la confiance et de la fierté collective.

➤ Veillez à la pérennité des énergies en gérant la variation des rythmes d'engagement au cours du temps.

➤ … Et adaptez-vous toujours aux acteurs et aux situations, par la flexibilité de votre style de management et votre capacité à prendre du recul.

6 | Comment suivre la position politique des acteurs clés ?

Un projet ne se situe pas en apesanteur, mais au contraire au sein d'un système humain qui le conditionne et qu'il conditionne en retour. Les acteurs influents ne sont pas nécessairement tous identifiés au départ de façon précise. Des opposants ou bien, au contraire, des porteurs de ressources qu'on n'avait pas imaginées peuvent se manifester en cours de route, et soutenir ou entraver le déroulement des actions. En outre, les positions évoluent au fil du temps et des événements. Un projet est un système d'acteurs ouvert et fluctuant. Maîtriser la dimension politique représente donc une compétence clé du chef de projet.

Ce chapitre a pour objectif d'apprendre à se représenter les positions politiques autour du projet et comprendre leurs évolutions et les impacts générés sur le développement du projet.

Identifier les acteurs et leur position dès le départ du projet

Un projet fait rarement d'emblée l'unanimité en sa faveur. Au mieux, il laisse indifférent, au pire, il suscite des oppositions, sûrement légitimes si on se place du point de vue de ceux qui les expriment. En situation de changement et d'incertitude, chacun a plutôt spontanément tendance à voir ce qu'il a à perdre que ce qu'il a à gagner.

Par exemple, lors de la première réunion du Copil. Si Charles a exprimé des attentes, il n'en demeure pas moins en situation de doute et de vigilance forte vis-à-vis de la mission qu'il a confiée à Pascal. Gaël a également clairement manifesté sa réserve, pour des raisons de cohérence avec le positionnement marketing de Créaludo. La réunion participative permet également à Pascal d'entendre d'autres réticences (par exemple celles de Georges Abadie, le contrôleur de gestion), voire d'opposition (comme celle du directeur industriel). Des rencontres individuelles, au self, autour d'un café et lors de barbecues, complètent la démarche pour évaluer de façon précise la capacité d'engagement des uns et des autres. Un projet commence donc par une compréhension fine des positions des acteurs, pour identifier les opposants et surtout les alliés du projet.

La stratégie des alliés

Un projet suscite toujours des intérêts et des oppositions, ne serait-ce que parce qu'il crée de l'incertitude et du changement. Les alliés du projet, qui y sont favorables, ne s'expriment pas toujours ouvertement alors que les opposants, eux, se font généralement connaître avec force et fracas. N'oubliez pas vos alliés : n'hésitez pas à les solliciter explicitement, à leur donner des moyens spécifiques pour s'exprimer (comme le forum intranet de Pascal), et à aller à leur rencontre. Le problème sur un projet n'est pas la présence d'opposants, mais l'insuffisante mobilisation des alliés.

La carte sociodynamique est un outil visuel simple et pertinent pour représenter les positions des différents protagonistes et comprendre leurs évolutions, à partir de la prise en compte simultanée de deux attitudes vis-à-vis du projet :

◆ **la synergie,** qui mesure le soutien, le degré d'initiative qu'est prêt à engager un acteur pour soutenir et faire aboutir un projet ;

◆ **l'antagonisme,** qui mesure l'opposition, le degré d'énergie qu'est prêt à dépenser un acteur pour entraver et faire échouer un projet.

Schéma 10 : La grille sociodynamique

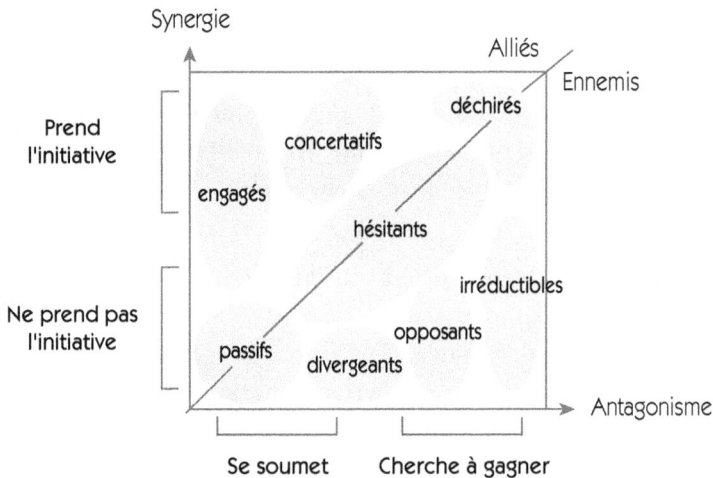

La visualisation d'une cartographie des populations permet alors de distinguer des comportements homogènes :

◆ les passifs, pas vraiment concernés par le projet, mais qui peuvent faire pencher la balance s'ils prennent position ;

◆ les ennemis du projet (divergents, opposants ou irréductibles) ;

◆ les alliés (engagés, concertatifs) ;

◆ les hésitants, voire déchirés, qui veulent d'abord négocier leur soutien.

Voilà une utilisation de cette carte pour représenter les positions de départ des principaux acteurs, au lancement du projet.

Schéma 11 : La carte sociodynamique au lancement du projet

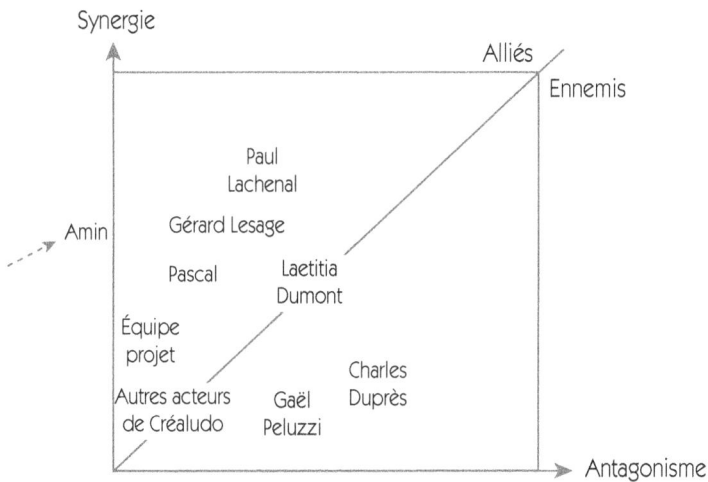

Au démarrage du projet, assez peu de parties prenantes sont réellement concernées. Après tout, il ne s'agit que d'un projet. La quasi-totalité des collaborateurs sont indifférents, même si Pascal réussit à susciter l'intérêt lors de la réunion d'information. Certes, certains contribuent à la réflexion sur le forum, mais les initiatives restent limitées.

Pascal est bien évidemment engagé et prend des initiatives. Néanmoins, il n'est encore pas tout à fait sûr de lui et de ce que peut devenir le projet. L'équipe qu'il constitue est prête à le suivre, mais au début, comme il le reconnaît lui-même ; « *la sauce avait du mal à prendre* ». Certains même, comme Philippe Ecoiffier, qui avait lancé la ligne Zandroïdes, ou Jean-Baptiste, soucieux de maintenir les partenariats en place, manifestaient des signes de résistance. Lætitia Dumont, « commise d'office », est en situation d'incertitude et d'attente. Ce n'est qu'au fur et à mesure de la concrétisation progressive du projet que l'équipe va gagner en cohésion, en confiance et en engagement sur le projet. L'étude de faisabilité, bouclée en huit semaines, a constitué la première étape.

Gérard Lesage, en tant qu'éminence grise, et Paul Lachenal, en tant que sponsor, sont clairement les plus fervents partisans du projet. Ils engagent du temps et de l'énergie pour faire en sorte que celui-ci soit lancé. Parmi les autres ressources, n'oublions pas Amin, soutien externe, indirect et transparent pour l'entreprise, mais dont l'apport est très précieux pour Pascal.

Enfin, la première réunion du Copil met en évidence des acteurs plus réservés, comme Gaël Peluzzi ou explicitement plus réticents, comme Charles Duprès.

Mais globalement, rien n'empêche le projet de démarrer. Aucune position forte d'entrave n'est encore déclarée. Les forces de soutien l'emportent, mais le jeu ne fait que commencer et est loin d'être gagné…

Suivre l'évolution des positions en fonction de l'avancée du projet

Cette cartographie n'est évidemment pas statique, et **elle évolue continuellement**, tout au long du projet.

C'est Georges Abadie qui va se manifester le premier, en montrant son hostilité au système de gestion par la valeur acquise, apportée par le projet. Il va surtout jouer le rôle de déclencheur auprès des autres parties prenantes. Le jeu des acteurs change au fur et à mesure de l'avancée de la phase de conception et de la transformation du projet initial en autre chose. D'ailleurs, le contexte général lui aussi évolue. La fermeture de Simob, du fait de coûts de production trop élevés, a des impacts sur Créaludo et, par ricochet, sur le projet Zumanoïdes, d'abord en termes de réduction du budget, mais aussi dans la nécessité d'accélérer son rythme. Dans un environnement qui devient tendu, il faut concrétiser l'avancée des études et créer suffisamment d'irréversibilité pour réduire le risque d'une décision d'arrêt en cours de route.

Si planifier est indispensable sur un projet, la capacité à absorber des événements imprévus l'est tout autant !

Mais l'événement Simob va aussi cristalliser des jeux de pouvoir autour du projet et en faire un objet d'affrontement politique pour une question qui le dépasse : la stratégie de Créaludo. Comme le laisse entendre Gérard Lesage, ils sont quelques-uns chez Créaludo à penser que vouloir tirer uniquement les coûts vers le bas n'est pas une stratégie gagnante à terme.

Les évolutions de l'environnement externe poussent le contexte interne à se révéler. Les Zumanoïdes peuvent-ils servir à repositionner Créaludo sur des niches haut de gamme, avec une plus forte valeur ajoutée pour les clients ? Peuvent-ils servir de porte-drapeau d'une autre ligne stratégique pour Créaludo, alternative à la seule réduction des coûts ? N'offrent-ils pas une opportunité pour permettre à ceux qui soutiennent cette stratégie d'exprimer leur point de vue ? Ne risquent-ils pas d'être instrumentalisés et entraînés dans des conflits de génération et de diversité de positionnement stratégique ?

Pascal va donc devoir prendre en compte un environnement humain qui se complexifie, porteur à la fois de nouvelles ressources et d'oppositions plus marquées. Certains acteurs apparaissent : Yann de Beers, responsable de la ligne micromoteurs de MicroEngine, ou encore Jean Duprès, manifestent chacun à leur façon un soutien ouvert au projet. D'autres disparaissent, comme Amin, qui pourrait même devenir un obstacle, étant donné son activité de consultant dans le secteur, auprès du fonds d'investissement qui a lâché Simob. Pascal doit désormais apprendre à porter ses propres jugements sur les situations et les personnes. Ce détachement est d'autant plus nécessaire que des dynamiques de coalitions semblent se mettre en place autour du projet, (le fait que la visite de Jean Duprès suive un déjeuner avec Gérard Lesage n'est certainement pas un hasard…).

Charles Duprès, « divergent » depuis le départ, devient un irréductible opposant à un projet qui questionne directement la stratégie de l'entreprise et donc la politique de compétition par les coûts qu'il a décidé de mener. Il est suivi par Georges Abadie, qui s'oppose à l'introduction d'un nouveau système de gestion, et par Paul Lachenal, qui, de sponsor officiel d'un projet centré sur un nouveau produit, devient un opposant d'un projet susceptible de bouleverser l'approche commerciale de Créaludo. Peut-être que les informaticiens en veulent à Pascal d'avoir choisi une solution externe. Chacun peut avoir des raisons différentes mais légitimes de leur point de vue pour s'opposer au projet !

Pascal, suivi de son équipe projet, affirme progressivement un rôle de militant, engagé dans sa proposition, soutenu en cela par Gérard Lesage, qui en profite pour déclarer ouvertement son opposition à la politique de Charles Duprès.

Le comportement plus erratique de Philippe Ecoiffier s'explique par le fait que, bien que faisant partie de l'équipe projet, il ne manque pas une occasion de montrer ses ressentiments de ne pas avoir eu le leadership du projet, en tant que responsable de la cellule de développement. Lætitia Dumont change de statut dans l'équipe, et pousse son idée de nouveau marché des « adulescents ».

Restent les autres acteurs de Créaludo, en situation de passivité, mais qui peuvent être amenés à tout moment à se positionner et à choisir un camp en fonction *« du sens dans lequel Pascal fera souffler le vent ! »*.

Schéma 12 : La carte sociodynamique du projet à la fin de la phase de conception

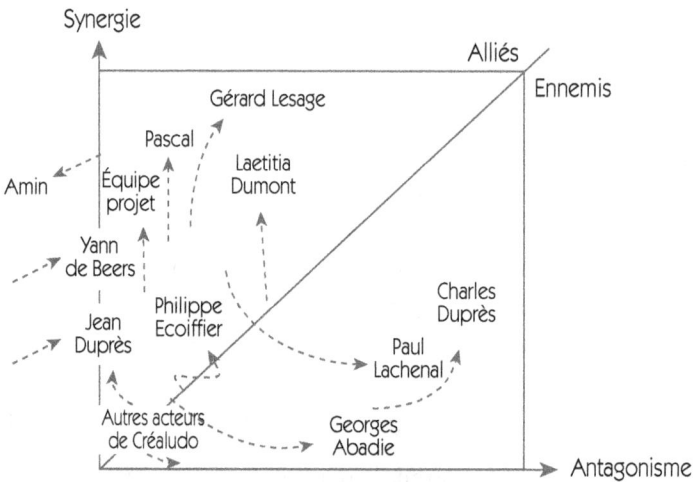

Les flèches sur la carte indiquent le parcours d'évolution des différents protagonistes et mettent en évidence la radicalisation des positions due au changement de positionnement du projet. Au lancement du projet, les positions n'étaient pas trop marquées : certains étaient sceptiques, d'autres bienveillants, la plupart indifférents. Pascal lui-même ne savait pas trop où il mettait les pieds. L'enjeu du projet n'en méritait peut-être pas plus : après tout, il ne s'agissait que de tester la faisabilité de lancer une nouvelle gamme de produits.

Les étapes de conception ont ouvert la voie à un changement profond de la nature du projet : faire évoluer le fonctionnement et les méthodes de l'entreprise et, au-delà, son positionnement et son développement stratégiques. De nouveaux enjeux sont soulevés, bien au-delà du projet.

La nouvelle voie vers laquelle s'engage progressivement le projet amène les acteurs à se découvrir et à exprimer leur position. Ils abattent leurs cartes. **Le projet va devenir un terrain de jeu politique** au travers duquel des coalitions vont s'affronter pour des enjeux qui le dépassent.

Suivre l'évolution de la position des acteurs jusqu'en phase de réalisation

Enfin, il est intéressant de voir l'évolution finale des positions, au moment où les 300 premiers « D.o.e » sont sortis de l'usine. La représentation montre vraiment que les positions ne sont jamais établies une fois pour toutes. Même les ennemis les plus radicaux peuvent changer leur fusil d'épaule.

Schéma 13 : La carte sociodynamique à la fin du projet

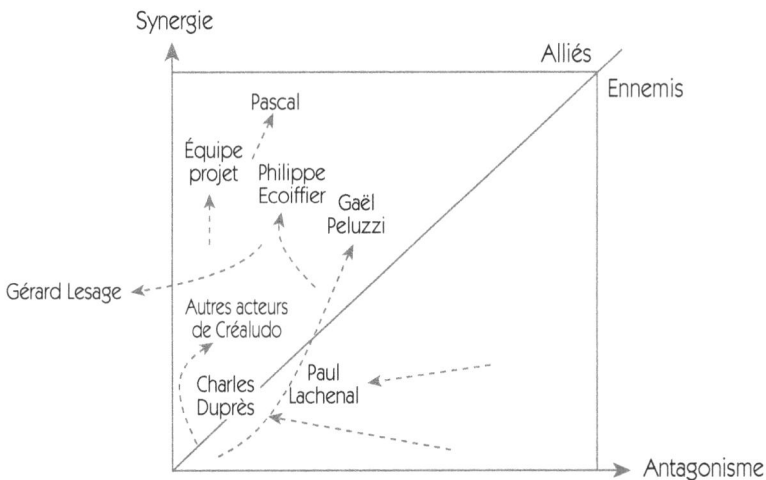

Au fur et à mesure du repositionnement du projet, l'engagement de l'équipe derrière Pascal s'affirme, ce qui n'est d'ailleurs pas sans laisser des traces affectives nostalgiques, comme le montre la dernière réunion de fin de projet. Les états d'âme des uns et des autres ont laissé le pas à l'enthousiasme de l'innovation, depuis la phase d'innovation sur les usages jusqu'à la première commande et mise en production. La prise en charge par Philippe de la relation directe avec Fang Pei et l'opportunité pour lui de découvrir des technologies nouvelles en Chine avaient totalement changé son attitude. Un acteur réservé, voire sceptique, va devenir un allié inconditionnel : Gaël Regazzi, pour qui le projet va constituer une opportunité de renouveler les approches marketing, de faire souffler « un vent de modernité »… et de contrer son collègue du commercial, Paul Lachenal. C'est lui désormais le vrai sponsor du projet, et son meilleur soutien auprès des équipes commerciales et marketing, essentielles à ce stade.

Les positions de Charles Duprès et Paul Lachenal ont également évolué. Le premier a laissé faire et n'a rien eu à perdre dans le « deal » avec Pascal. Il en a même recueilli des fruits en matière de notoriété. Le second, sentant le vent tourner, adopte un comportement de suiveur, emboîte le pas de son patron et n'intervient plus sur des oppositions de principe. Ils ne sont cependant pas encore acquis à la cause de l'innovation générée par le projet, encore trop déstabilisante pour eux. Les premières avancées ont certes calmé leurs ardeurs, mais il conviendra au futur responsable de la ligne de produit Cré@ludo de rester vigilant et de réassurer en permanence, au moins, la position de neutralité bienveillante du dirigeant et de son éminence grise, au mieux, la conquête de leur soutien actif.

Quant à Gérard Lesage, il a perdu son bras de fer avec Charles Duprès. Il sort du projet… et de l'entreprise.

Enfin, des éléments montrent que le projet est en train de quitter son statut de groupe de travail séparé du reste de l'entreprise pour intégrer d'autres compétences disponibles : les équipes marketing et commerciales notamment s'impliquent dans les négociations avec de nouveaux partenaires.

Pour prendre en compte la position politique des acteurs clés

➤ Identifiez les acteurs clés et leur position dès le début du projet.

➤ Utilisez des outils simples et visuels pour les représenter.

➤ Suivez en permanence l'évolution des positions au fur et à mesure de l'avancée du projet.

➤ … Et pensez que le projet peut, à tout moment, devenir un terrain de jeu politique au travers duquel des coalitions s'affrontent pour des enjeux qui le dépassent.

7 | Comment gérer la fin du projet et l'après-projet ?

Dans un projet, l'atteinte de l'objectif final marque l'aboutissement de tous les efforts. La fin du projet est une période particulièrement déstabilisante pour les acteurs qui s'y sont engagés. Des questions que l'on n'avait pas eues le temps de se poser auparavant, dans le feu de l'action, vont alors apparaître : le projet est-il réussi ? Si oui, comment le mesurer ? Pourquoi est-ce si difficile de lâcher prise, et de passer à autre chose ? Quelle est finalement la valeur créée pour l'individu comme pour l'entreprise ?

Ce chapitre a pour objectif de mieux comprendre pourquoi se posent ces questions, quel sens elles présentent et, bien sûr, comment y répondre.

Mesurer le succès du projet : une question complexe

Parfois, la fin de projet est repérée de façon évidente, s'il s'agit d'organiser un événement ou de livrer un bâtiment. Dans d'autres cas, comme celui qu'a vécu Pascal, le projet ne meurt pas vraiment : il continue à vivre sous la forme de l'exploitation d'un produit de série, et rentre dans le processus normal de production, commercialisation et distribution de l'entreprise. Dans le projet Zumanoïdes, la réunion du chapitre 7 « marque la fin d'une époque », et annonce la réincarnation du projet sous la forme d'une activité régulière, au sein d'une nouvelle gamme de produits.

Commençons par la question essentielle de la mesure du succès d'un projet. Cette question apparemment simple se décline de façon complexe. Elle invite à envisager les réponses sous de multiples angles.

Reconstruire le bon référentiel d'évaluation en fonction de la réalité du projet

Le succès d'un projet se mesure tout d'abord en regard des objectifs fixés. Plus ceux-ci auront été précis, quantifiés, datés, partagés et validés, plus ils constitueront des indicateurs fiables et indiscutables.

La difficulté inhérente au projet Zumanoïdes est que les objectifs de départ ne présentaient pas ce caractère de précision. De plus, ils se sont transformés au fil du temps, au fur et à mesure que le projet lui-même se redéfinissait. Ce phénomène de dérive est fréquent dans les contextes à fort niveau d'innovation, par définition difficiles à enfermer dans des indicateurs définis *a priori*. La question de l'évaluation se pose néanmoins avec autant de force.

Pourtant, des indicateurs objectifs existent : une commande ferme de 300 « D.o.e » avec deux options de 200 ont été enregistrées, pour un premier chiffre d'affaires espéré de 140 000 €. Mais est-ce satisfaisant ? La réponse est mitigée. Non, si l'on regarde l'objectif de chiffre d'affaires pour l'année (250 000 €) ou encore le nombre de produits livrés (1 camion contre 3 prévus), oui si l'on regarde ces premières ventes comme une confirmation de l'intérêt du marché pour ce type de produit. Le même constat s'impose pour le coût de revient d'un « D.o.e » : excessif de 25 % si l'on se réfère aux gammes de jouets de Créaludo, très compétitif si on le compare à l'Aido de Sony. Enfin, l'évaluation en termes de respect des délais est également difficile à valider. Noël ne représente plus un bon point de repère pour des produits de communication high-tech. Le projet est en retard, s'il s'agit d'un jouet... mais en avance sur son temps, s'il s'agit d'une application high-tech !

Tout est affaire de référentiel. N'hésitez pas à positionner clairement votre projet dans le bon système de mesure, correspondant à ce qu'il est vraiment, et non pas à ce qu'il était supposé être.

Jouer des critères subjectifs pour conforter le succès objectif du projet

Mais la mesure du succès d'un projet comporte également une dimension subjective, liée à des éléments de perception de la part des acteurs influents. **La qualité intrinsèque du contenu d'un projet ne suffit pas toujours !** L'évaluation d'un projet est donc relative, liée à l'accueil du contexte dans lequel il se déploie. **Un projet est réussi si suffisamment d'acteurs jugent et décrètent qu'il est réussi.**

Concrètement, il faut savoir utiliser les acteurs influents, faire jouer le soutien de ses alliés et leur force de persuasion, faire converger les messages positifs pour influencer les représentations et conforter le succès du projet. Les premiers échos médiatiques sur « D.o.e. » et l'article de *La Tribune* ont donné une image positive du projet et valorisante pour Charles Duprès. **Le faire savoir est le complément indispensable du savoir-faire.**

Entendons-nous bien, un projet au contenu catastrophique aura du mal à être sauvé par le seul effet d'opinion et le lobbying en sa faveur. Mais l'inverse est également vrai : un projet avec un contenu objectivement de qualité peut tourner à l'échec. L'exemple d'Aramis le prouve.

Qui a tué Aramis ?[1]

Dans son ouvrage *Aramis ou l'Amour des techniques,* Bruno Latour explique pourquoi Aramis, un spectaculaire projet de transport en commun cellulaire urbain développé dans les années 1980 par Matra, a échoué face à son concurrent direct : le VAL. Aramis représentait la solution rêvée à tous les problèmes du transport en ville : peu cher, très sécurisé, peu polluant, adaptable. Tous les indicateurs étaient au vert, en tout cas bien plus que ceux du VAL, techniquement moins solide. Aramis s'imposait tellement techniquement qu'aucun effort de recherche de soutien politique, de lobbying n'a été fait. Comme le dit Bruno Latour, le meilleur projet intrinsèque a été oublié. Il n'a fait l'objet d'aucune polémique, d'aucune discussion, d'aucune appropriation. Son évidence de supériorité technique lui aura été fatale. Il va mourir absolument intact, frais comme à sa naissance…

Envisager l'évaluation sous ses multiples aspects

L'exemple d'Aramis démontre qu'au-delà des signes visibles du succès externe d'un projet sur son marché, l'évaluation est également interne à l'organisation qui l'abrite. L'un renforce l'autre. Avoir raison tout seul ne suffit pas ! Il existe de nombreux exemples d'innovations accueillies favorablement par le marché, mais insuffisamment connues et soutenues en interne, ou encore négligées.

Le cas de la chaussure de course en montagne[2]

En 1999, un ingénieur R&D chez Salomon invente un concept de chaussure révolutionnaire, dédié au créneau naissant de l'*adventure running.* Il s'agit d'une course en montagne où les athlètes doivent se déplacer rapidement et légèrement sur tous les terrains : chemins, rochers, neige, sable, pierre. La stabilité de la chaussure est le critère numéro 1, alors que toutes les chaussures à l'époque mettent la priorité sur les capacités amortissantes. Une solution technique très innovante est trouvée pour assurer une stabilité à toute épreuve.

…/…

---

1. B. Latour, *Aramis ou l'Amour des techniques*, Éditions La Découverte, 1992.
2. B. Sarazin, « Salomon et l'Adventure Running », in *Des témoignages en entreprises qui donnent envie de bouger*, Milalma Éditions, 2006.

— .../... —

Cependant, les conséquences de l'acquisition de Salomon par Adidas vont troubler le projet. En 2002, le centre de recherche d'Adidas décide d'adapter son excellence technologique d'amorti au marché de la course en montagne. Malgré des retours encourageants des premiers utilisateurs (sportifs adeptes de la course en montagne), la puissance technique et marketing d'Adidas balaiera cette innovation naissante.

Enfin, le succès du projet s'envisage très souvent uniquement sous l'angle de ses seuls résultats (mesurés en termes de coûts, délais, qualité, chiffre d'affaires, notoriété…). Pourtant, un projet génère toujours des impacts indirects et effets induits, à court terme ou long terme, de façon plus ou moins visible. Certains peuvent être très positifs, d'autres dévastateurs. Que dire en effet d'un projet qui aurait atteint son objectif, mais avec un tel engagement de ressources et d'investissement qu'il aurait mis en danger le reste de l'entreprise ! À l'inverse, il semble que l'opération Zumanoïdes a généré indirectement de multiples changements bénéfiques pour Créaludo : le renouvellement de méthodes de travail, le développement de la capacité d'innovation, une remise en cause peut-être salutaire, dans un contexte concurrentiel qui se dégrade, le développement de talents, la mise au jour de l'incompatibilité entre Charles et Gérard et la révélation de leur conflit de position.

L'entreprise a appris du projet, dont on va retrouver des traces par exemple dans le mode de management de Lætitia, ou encore au travers de la cellule d'exploration de nouvelles idées qui sera gérée par Pascal. L'entreprise et les individus sortent transformés du projet. Difficile à dire si tous ces changements sont positifs, et à quel terme. Une hypothèse est que l'entreprise et ses membres pour le futur ont développé au travers de cette expérience des capacités nouvelles qui feront les succès de demain. Si le succès intrinsèque du projet reste mitigé, la valeur à moyen terme qu'il a permis d'opérer en tant qu'accélérateur de changement constitue peut-être le véritable critère d'évaluation.

Évaluer un projet pose donc non seulement la question du quoi (qu'est-ce qu'on évalue), mais aussi du quand (à quel terme doit-on faire l'évaluation), comme nous le montre l'exemple spectaculaire du Vasa.

Le naufrage du *Vasa*

En 1625, le roi de Suède, Gustave II Adolphe, ordonna la construction d'un vaisseau de guerre le plus puissant de son époque, le plus cher, le plus luxueusement ornementé et, surtout, le premier à disposer d'un double-pont d'artillerie. Lorsque *le Vasa* quitta Stockholm pour sa première mise à l'eau, dans l'horreur et l'incrédulité générales, le glorieux et puissant navire sombra après 300 mètres de navigation, et dans seulement 25 brasses d'eau, toutes voiles et pavillon dehors.

S'agit-il d'un échec ? Si l'on considère que le projet était de faire naviguer un bateau, la réponse est évidente : l'échec est cuisant.

Mais si l'on considère que la construction du bateau a constitué une menace crédible auprès des adversaires de la Suède de l'époque, alors le projet est en partie réussi, car tous les pays concernés ont délégué des ambassadeurs pour suivre l'avancée des travaux. La possibilité de construire des bateaux armés de deux ponts de canons a constitué une menace au moins pendant les trois années de sa construction, ce qui est long en temps de guerre.

De plus, l'échec du prototype a constitué une extraordinaire occasion d'apprendre des erreurs. En effet, *le Vasa* était un bateau bien conçu, mais mal proportionné. La Suède parviendra dans les années qui suivirent à réaliser des bâtiments ayant jusqu'à quatre ponts d'artillerie.

Enfin aujourd'hui, quatre cents ans plus tard, *le Vasa* renfloué est au centre du fameux musée Vasa en plein cœur de Stockholm et fait la fierté du pays !

Mais alors, si le succès du projet Zumanoïdes est finalement mitigé et encore incertain pour l'avenir, pourquoi sa clôture et sa transition vers la production en série de « D.o.e. » créent-elles tant d'émotion au sein de l'équipe ? Comment expliquer le sentiment étrange que ressentent et expriment les individus lors de la dernière réunion de l'équipe ?

Préparer le choc émotionnel de la fin du projet

Dans la dernière ligne droite, l'intensité de l'engagement est décuplée. Suite à cette période d'exaltation et une fois la fin du projet entérinée, il faut s'attendre à vivre, avec tous ceux qui se sont surinvestis dans les étapes finales, un sentiment de vide, voire de désarroi.

Faire son deuil du projet

La fin d'un projet crée un manque. Plus une situation présente un fort degré d'implication, plus la gestion de l'après-situation sera émotionnellement et psychologiquement difficile.

En effet, par nature, une situation de projet génère chez les individus qui s'y engagent une implication au-delà de ce qu'ils manifestent dans le cadre de leur activité régulière. Plusieurs facteurs qui se cumulent expliquent cette surimplication spontanée :

◆ le challenge à atteindre (souvent élevé) ;

◆ la pression du temps et des échéances (souvent tendues) ;

◆ l'appartenance à une équipe (qu'on ne veut pas décevoir) ;

◆ l'identification au projet (c'est « notre » projet) ;

◆ le caractère novateur de l'activité (qui sort les individus de leur routine) ;

◆ l'aspect concret d'un projet (atteindre un objectif, résoudre des problèmes) ;

◆ la réalisation progressive de son contenu, avec des individus impliqués du début à la fin.

Schéma 14 : La courbe de deuil de l'après-projet

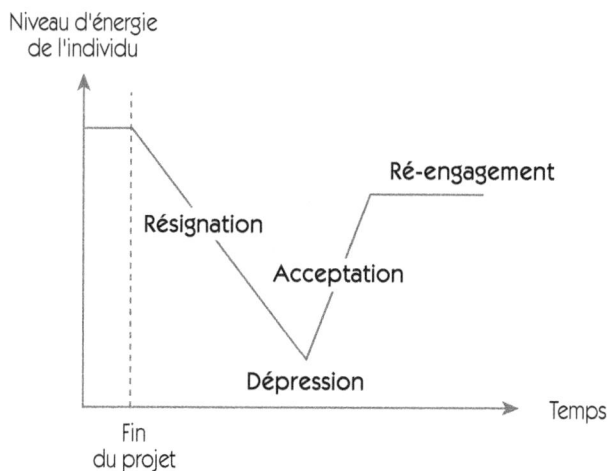

Tous ces ingrédients, quand ils sont réunis, sont sources d'engagement humain. La barbe non rasée et le regard un peu vitreux de Franck, l'informaticien, lorsqu'il crée la plate-forme Internet pour les « D.o.e », attestent de cet engagement spontané, fort intéressant en soi et que l'entreprise aimerait bien d'ailleurs que tous les collaborateurs partagent plus souvent dans leurs activités quotidiennes ! Cette mobilisation d'énergie pose néanmoins la question de la décompression de la fin du projet, et de la difficulté d'en faire son deuil, une fois celui-ci terminé.

Aider les coéquipiers à faire leur deuil du projet

Comment aider vos collaborateurs à faire le deuil d'un projet ? Quels sont les moyens concrets à votre disposition ? La plupart sont simples, et à portée de votre main.

- Tout d'abord, il est de votre devoir de chef de projet de bien rappeler que le projet n'appartient pas à l'équipe, mais à un client, un commanditaire, une direction générale… Même si un phénomène d'identification laisse à penser qu'il s'agit de « notre projet », la réalité est tout autre. (Sylvie se sent « *dépossédée* », et pour Franck, « *nos robots nous échappent* »). Il est normal que le projet retourne à son destinataire et que le maître d'œuvre livre sa réalisation au maître d'ouvrage. Encore faut-il le dire et le rappeler à une équipe qui l'a souvent un peu oublié, au fur et à mesure de son appropriation croissante.

- Ne pas hésiter à marquer nettement la fin du projet, par une livraison empreinte de cérémonie, ou une dernière réunion, ou bien encore une grande fête. Les célébrations permettent certes de savourer et de valoriser le travail accompli, mais ont également la vertu de faire prendre conscience qu'il est vraiment fini !

- Soigner la capitalisation. Mettre en évidence les acquis et enseignements clés d'un projet est très utile pour les transférer à d'autres projets susceptibles de rencontrer les mêmes difficultés. Mais c'est surtout nécessaire pour le projet lui-même. Un retour d'expérience mené collectivement favorise l'expression du vécu individuel de chacun au sein du groupe. C'est un moment privilégié pour mettre en évidence et valoriser les apprentissages individuels et collectifs, et ceci quel que soit le résultat du projet. On peut apprendre autant d'un échec que d'un succès, à condition d'accepter d'en analyser sereinement les causes.

- Donner du feed-back, en dehors de la pression des événements. Par exemple, Pascal a plus de facilité à reconnaître l'utilité du rôle de contre-pouvoir de Georges lors de la dernière réunion qu'au cours de l'action. Il incombe souvent au chef de projet de reconnaître et valoriser les contributions de chacun, même s'il n'est souvent pas en situation hiérarchique pour le faire. Enfin, la rémunération supplémentaire individuelle et/ou collective (sous forme de bonus ou primes exceptionnelles) est un puissant levier de reconnaissance… ce qui ne semble pas avoir été compris par Créaludo.

◆ Laisser une trace du projet (un document, une revue de projet, une méthodologie formalisée…). Il faut le plus possible montrer en quoi le projet va continuer à vivre, au travers d'autres supports et activités. La situation chez Créaludo est propice à ces prolongements, puisque des réunions de suivi sont prévues.

Dans l'idéal, tous ces dispositifs devraient être pensés à l'avance et anticipés. Ce que n'a pas fait Pascal, qui, pour sa première expérience, découvre l'aspect particulier de la fin de projet.

Mais ne l'accablons pas trop vite. À sa décharge, de nombreuses bonnes raisons viennent à son secours :

◆ tout d'abord, il n'a pas la légitimité pour traiter ces questions. Il n'est pas le responsable hiérarchique des membres de son équipe ;

◆ ensuite, la mise en évidence des acquis, et l'évaluation et la valorisation des contributions, n'ont jamais fait partie de ses missions. Son unique souci est de réussir le projet ;

◆ enfin, il n'échappe certainement pas lui-même au phénomène de deuil que ressentent ses coéquipiers, comme ses sentiments nostalgiques de la dernière réunion nous amènent à le penser. Reconnaissons qu'aider les autres à mieux franchir un passage difficile dans lequel on se trouve soi-même n'est pas si facile !

Il s'agit donc d'une question qui devrait engager toute l'entreprise. Elle est d'autant plus cruciale que le phénomène est pernicieux. La plupart du temps en effet, surtout sur des petits projets, les individus surmontent par eux-mêmes, sans même en parler, cette période psychologiquement plus sensible. Cependant, à terme, la frustration ou le malaise psychologique qu'ils auront ressentis va leur faire changer d'attitude par rapport à de nouveaux futurs projets : leur enthousiasme sera moins spontané, ils seront plus en recul, dosant mieux leur engagement afin de se protéger face à ce phénomène de deuil. À terme, l'entreprise peut perdre une capacité d'engagement des collaborateurs dans de futurs projets et donc détériorer ses capacités collectives à développer des projets.

Anticiper les conséquences
et impacts personnels du mode projet

Comme le montre la question de la fin du projet, les projets bousculent les individus qui s'y engagent. De ce fait, ils ne sont pas neutres et induisent des effets positifs, mais également des risques.

Grandir par les projets

Les individus qui participent à un projet ne sont plus les mêmes une fois celui-ci terminé. Ils grandissent par le projet, qu'elle que soit son issue. « Les hommes font les projets qui font les hommes[1]. »

Les projets sont des accélérateurs du développement personnel et professionnel et participent à l'enrichissement et à l'élargissement des parcours professionnels.

De ce fait, la fin du projet ne se limite donc pas à gérer un phénomène psychologique, mais soulève surtout des questions de devenir professionnel. Cet aspect doit être anticipé avant la fin du projet, sinon les gens risquent d'être plus préoccupés par leur avenir alors même qu'une période de bouclage requiert un engagement maximal de leur part. Cette question concerne les responsables métiers, et l'ensemble de l'entreprise : ce n'est pas que l'affaire du chef de projet, même si la réalité montre que c'est souvent à lui d'être proactif, pour sensibiliser et faire réagir l'entreprise à cet enjeu.

Plusieurs héros du projet Zumanoïdes témoignent de l'apport sur leur trajectoire de carrière :

- pour Lætitia, le projet a participé à accélérer son intégration de retour de maternité. Elle occupe désormais pour la première fois chez Créaludo une fonction qui combine le commercial et le marketing, mais surtout, comme elle le déclare elle-même : « *Elle a retrouvé une place dans l'équipe commerciale et est redevenue plus forte.* » Mais saura-t-elle dans le cadre d'une fonction récurrente faire preuve de la même ingéniosité ?

- pour Franck, la réintégration au sein du service informatique est impossible. Outre le fait qu'il ait délaissé ses dossiers habituels au service du projet, il a « trahi » les bonnes pratiques internes en contournant le système d'information en place (implantation du mode ASP), dont il était supposé

---

1. D. Leroy, « Le management par projets : entre mythes et réalités », *Revue française de gestion*, janvier-février 1996, p. 109-120.

pourtant être le porte-parole dans le projet. Il a négocié un départ dans de bonnes conditions, mais son exemple met bien en évidence les risques d'éloignement progressif d'un acteur métier de son groupe d'appartenance, d'identification et d'implication croissante au projet au détriment de son domaine d'expertise ;

◆   enfin, Pascal évolue dans l'entreprise, et remplace Gérard. Mais il devient aussi employable à l'extérieur, comme en témoigne l'appel du chasseur de têtes. Le projet rend visible leurs acteurs, mais cette exposition est à double tranchant : elle ouvre des portes internes et externes en cas de réussite, elle peut créer des effets de réputation dévastateurs pour les personnes en cas d'échec.

Prendre conscience des risques et dangers pour les individus

Les risques ne se limitent pas à ceux de la fin du projet, mais guettent également les individus tout au long de son déroulement.

Revenons par exemple au chapitre 4, qui débute sur les vacances de Pascal et de sa famille au bord de la mer. Un repos bien mérité après un tel saut dans l'inconnu. Et pourtant, le projet poursuit Pascal, même sur la plage…

Nous avons vu que les projets constituent des lieux d'engagement fort, sur le plan intellectuel (contribution directe de ses idées à la construction du projet), social (appartenance à une équipe) mais également émotionnel (l'énergie déployée renforce l'attachement).

Cet engagement est évidemment positif, mais s'il est trop intense, également potentiellement porteur de pathologies pour les individus (chef de projet et membres de l'équipe).

Ne pas se faire « presser » par le projet

Engagé dans une activité sous fortes contraintes, l'individu est doublement « pressé » : par le temps qui passe et par l'exigence de performance permanente.

Dans un projet, la tendance du temps à s'accélérer avant les échéances donne l'impression de devoir toujours « courir après le temps », ou encore « rattraper le temps perdu ». Le caractère irréversible du temps qui passe engendre une tension qui peut certes avoir des vertus mobilisatrices mais aussi présenter le risque d'une pression omniprésente, confinant parfois à l'angoisse.

Retenons que **les échéances n'ont l'urgence que celle qu'on veut bien leur donner**. Trois semaines de retard, est-ce finalement si grave ? Dans le projet d'adoption de Camille et Hervé, les amis de Marie et Pascal, que représentent six mois d'attente quand la perspective est de fonder une famille pour le reste de la vie ? Le temps est une donnée relative, qu'il faut replacer dans un cadre plus global. En l'absence de cette prise de conscience, le surmenage physique du chef de projet toujours pressé va s'accompagner d'un stress psychologique, qui peut devenir oppressant et modifier insidieusement les comportements quotidiens (se lever à 6 h 20 pour arriver avant tout le monde, gagner quelques précieuses minutes au repas… quitte à mettre en danger la qualité de ses relations informelles).

À la pression temporelle s'ajoute également l'exigence du résultat à atteindre. En entreprise, les projets sont devenus de formidables machines à exiger et à juger. Pascal, exposé aux yeux des autres, doit se montrer fort, sûr de lui, tant dans les réunions avec son comité de pilotage qu'avec son équipe projet.

Ne pas se faire écarteler par le projet

Le projet est enfin créateur de tensions qui tiraillent l'individu. Pascal est confronté à la difficulté de gérer des équilibres (ou déséquilibres) entre des forces qui l'écartèlent :

- tension entre le temps présent (l'état d'avancement aujourd'hui) et le temps futur (l'objectif à atteindre) ;

- tension entre une exigence de résultat à tout prix et le maintien de la qualité des relations sociales ;

- tension entre une appartenance à un métier, et une implication boulimique dans le projet, qui fait courir des risques identitaires au chef de projet du fait de son isolement progressif vis-à-vis de son groupe d'origine (Pascal n'a-t-il d'ailleurs pas délégué les RH à son contremaître ?) ;

- tension entre le temps consacré à la vie professionnelle et la vie privée. L'accueil glacial de Marie à son égard le soir du rendez-vous en dit long sur le risque de « dommages collatéraux »…

Un projet représente une charge mentale permanente pour ceux qui en sont responsables. Le poids, la pression et les tensions qu'induit souvent le mode projet ne conviennent pas à tout le monde. Certains résistent, d'autres craquent, leur souffrance n'étant pas prise en charge. De surcroît, la solution du retrait est difficilement envisageable. Pascal n'échappe pas au risque de « burn out » physique et psychologique, s'il n'y prend garde.

Le burn out

Nommé *burn out syndrome* chez les Anglophones, et *karoshi,* ou mort par la fatigue au travail au Japon, le burn out est un syndrome d'épuisement professionnel, consécutif à l'exposition à un stress permanent et prolongé.

Certaines professions ou activités sont plus à risque que d'autres, ce sont notamment les situations :

◈ à fortes sollicitations mentales, émotionnelles et affectives ;

◈ à forte responsabilité notamment vis-à-vis d'autres personnes ;

◈ où l'on cherche à atteindre des objectifs difficiles ou à forts enjeux ;

◈ où il existe un déséquilibre entre les tâches à accomplir et les moyens mis en œuvre dans ce but ;

◈ où il existe une ambiguïté ou un conflit de rôles.

On notera que ces caractéristiques se retrouvent toutes dans les situations de projet, souvent exacerbées par la dimension temporelle.

Il n'y a pas de solutions miracles pour lutter contre le risque de burn out. Cinq principes génériques peuvent néanmoins être utiles :

◈ être vigilant aux signes d'alarme physiques et psychologiques, aux actes manqués : oublis répétés, incidents répétés, hyperactivité compensatrice, irritabilité, impatience…

◈ apprendre à déléguer et envisager systématiquement la possibilité de partager des tâches ;

◈ savoir s'évader, élargir ses centres d'intérêts et se ménager des temps de « décharge mentale » (sport, loisirs…) ;

◈ rompre l'isolement : profiter de toute opportunité pour partager, discuter, écouter les préoccupations des autres… pour voir autrement les siennes et envisager de nouvelles solutions ;

◈ relativiser et revenir à l'essentiel, comme le fait Pascal lors de la soirée qu'il passe avec Camille et Hervé et leur projet d'adoption.

Interpeller la GRH de l'entreprise sur sa contribution

Toutes les questions précédentes viennent percuter les rôles, missions et outils traditionnels de la fonction RH, mal adaptés à une population transversale et temporaire.

Reconnaître les compétences spécifiques développées dans le projet

Les situations projets permettent d'expérimenter et d'acquérir des compétences managériales et transversales, complémentaires à des expertises techniques.

Cette perspective positive soulève néanmoins la question de la difficulté d'identifier et d'évaluer de façon précise ces acquis, et surtout du **manque de reconnaissance formelle**, notamment à la fin du projet, lors du retour dans le métier quand il a lieu. Au moins trois raisons expliquent cette difficulté récurrente :

◈ tout d'abord, ces compétences *soft* (animation, négociation, communication, leadership…) ne rentrent souvent pas clairement dans les grilles de compétences métiers ;

◈ ensuite, ce n'est pas toujours facile pour un individu d'exprimer ce qu'il a réellement appris sur un projet. En l'absence de méthodologie de bilan personnel et d'accompagnement spécifique, il aura du mal à formaliser les nouveaux savoir-faire qu'il aura immanquablement développés. Pascal, à la fin du projet, sent bien qu'il a acquis des compétences : mais lesquelles précisément ? Comment distinguer les siennes de celles de l'équipe projet ?

◈ enfin, parfois, ces nouvelles compétences ne sont tout simplement pas jugées utiles et donc non valorisées dans certains métiers.

On pourrait également s'interroger sur la non-prise en charge des « incompétences projets ». Qu'arrive-t-il à ceux qui, au cours d'un projet, ne sont manifestement pas compétents, ou qui ont besoin de plus de temps pour le devenir ? Quels sont les accompagnements mis à leur disposition ? En l'absence de réflexion spécifique, des effets de réputation, véhiculés par la rumeur, se propagent insidieusement au sujet d'acteurs qui sont considérés comme « des boulets », et de nouvelles formes d'exclusion peuvent apparaître, en dehors de tout dispositif formalisé d'évaluation, hors du périmètre de la fonction RH.

Synchroniser la participation à des projets et les parcours de carrière

Cette question du développement et de la valorisation des compétences renvoie à la problématique plus large de la gestion du parcours de carrière des collaborateurs. Malheureusement, dans beaucoup d'entreprises, la participation à des projets est insuffisamment intégrée à une réflexion sur les parcours et trajectoires à moyen terme. Les acteurs, pour s'en sortir, font valoir leurs intérêts particuliers et développent des stratégies personnelles qui peuvent nuire au projet lui-même et créer des tensions sociales lourdes de conséquences. La multiplication des projets enrichit les schémas classiques de progression purement verticale par la possibilité de parcours horizontaux (où l'on passe de projets en projets) ou bien fondés sur l'alternance projet-métier. Dans une PME comme Créaludo, où la progression hiérarchique est limitée, le projet constitue une plate-forme essentielle de développement, pour des cadres à potentiel comme

Pascal. Cependant, cette pratique n'est pas sans risques. On peut passer d'un projet à un autre au gré des opportunités sans jamais s'inscrire dans les filières-métiers reconnues dans l'entreprise. Comment faire reconnaître au sein des métiers ces parcours « déviants » ? Comment intégrer ces développements projet dans une perspective plus large de progression de carrière ? Cette question renvoie plus généralement à l'accompagnement RH au cours des projets.

Faire évoluer et adapter les systèmes d'évaluation et de rémunération

Dans un contexte vierge de tout référentiel solide, stable et pérenne, l'évaluation de la performance des individus est délicate. Les outils habituels de mesure des résultats et de validation directe lors d'un entretien annuel avec son responsable hiérarchique ne conviennent plus. Les projets soulèvent plusieurs questions :

◆ l'évaluation porte-t-elle uniquement sur la réussite finale du projet ?

◆ comment évaluer de façon précise la contribution de chacun ?

◆ qui est le mieux placé pour évaluer la performance d'un coéquipier ?

◆ doit-on attendre la fin du projet pour effectuer l'évaluation ?

Le même type d'interrogation porte évidemment sur la rétribution. Le cas de Pascal montre bien que les métiers et le projet se renvoient la balle.

Au global, on voit bien que la logique verticale de systèmes de gestion et de GRH est percutée de plein fouet par l'apparition de dispositifs horizontaux, temporaires, mal définis au départ et non inscrits dans l'organisation. Tant que le nombre de projets reste marginal et que seuls quelques cas particuliers sortent des schémas traditionnels, ils peuvent être traités comme des exceptions. Quand le mode projet se généralise, c'est l'ensemble du système qui est remis en cause. Comment traiter un nombre toujours croissant de cas particuliers tout en garantissant une certaine équité ? Comment intégrer une nouvelle logique de GRH tout en conservant l'ancienne pour ceux qui ne sont pas dans des projets ?

Au-delà du management de projet pour la première fois, le succès des projets se situera non plus en leur sein, mais dans la capacité de l'organisation à renoncer à un modèle uniforme et à faire cohabiter durablement des systèmes permanents (l'organisation en place) et provisoires (les projets).

Pour gérer la fin du projet et l'après projet

➤ Évaluez la valeur créée de façon multidimensionnelle (interne/externe, court terme/long terme, objective/subjective...).

➤ Anticipez le choc émotionnel de la fin du projet.

➤ Sensibilisez les acteurs aux conséquences et impacts personnels du mode projet.

➤ ... Et interpellez la GRH de l'entreprise sur sa capacité à concevoir des systèmes d'accompagnement appropriés.

Pour conclure

Ce qui se cache derrière le projet…

Le projet Zumanoïdes, tout au long de l'histoire, s'est transformé de façon radicale, dans sa nature autant que dans son objet, entraînant un repositionnement des acteurs. Derrière les « D.o.e », il faut voir autre chose qu'un « simple » développement de produits nouveaux.

Comme les différentes facettes d'un cube, le projet devient une réalité complexe, au sens où il acquiert un caractère multidimensionnel. Comprendre ce qui se joue par son intermédiaire requiert une grille de lecture élargie, permettant de situer les enjeux à plusieurs niveaux, dont certains sont en dehors du projet lui-même.

Schéma 15 : Ce qui se cache derrière le robot Zumanoïde « D.o.e. »

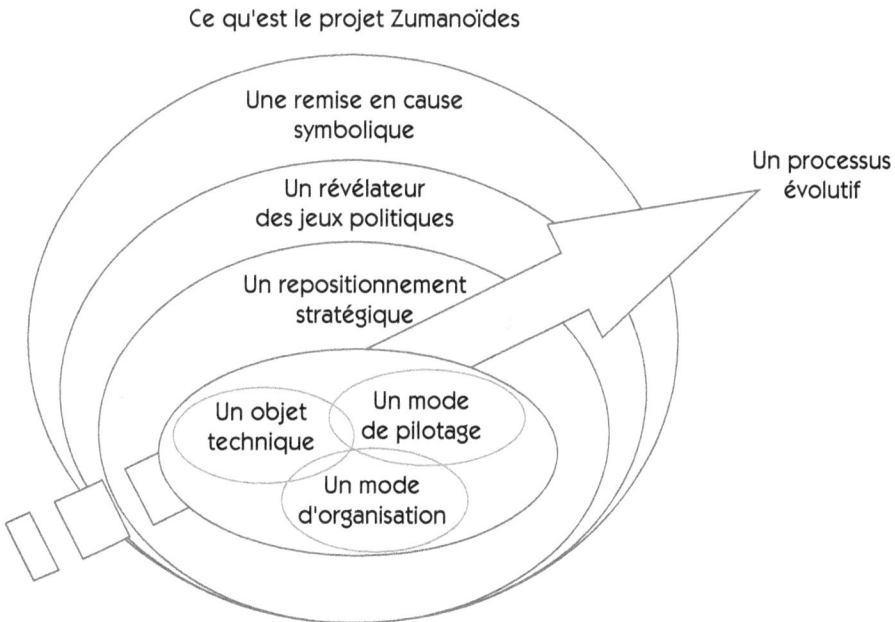

Ce qu'est le projet Zumanoïdes

Une remise en cause symbolique

Un révélateur des jeux politiques

Un repositionnement stratégique

Un processus évolutif

Un objet technique

Un mode de pilotage

Un mode d'organisation

Trois dimensions concernent le projet lui-même :

◆ **la dimension technique :** le projet Zumanoïdes conserve bien des enjeux techniques à résoudre (liés au textile, à l'électronique, à la connectique…) qu'il faut résoudre en lien avec des contraintes économiques, de production et de qualité ;

◆ **la dimension méthodologique,** qui consiste à organiser et faire vivre une action collective de nature transversale, au sein de l'équipe projet, mais également au sein de l'entreprise et avec ses partenaires extérieurs. De nouveaux outils sont introduits (analyse de la valeur, créativité de groupe, gestion par la valeur acquise, master plan, mode ASP…) et de nouveaux modes de coopération internes et externes sont expérimentés ;

◆ **la dimension managériale :** les méthodologies ne masquent pas l'importance des personnes, avec des motivations, des compétences, des niveaux de confiance et des enjeux différents. Pascal découvre au quotidien l'importance de la qualité de l'animation d'une équipe plurielle, de la capacité à créer une dynamique collective et à susciter des synergies entre des individus tous différents.

Ces trois dimensions indissociables constituent l'enjeu du management du projet. Les chances de succès seront d'autant plus fortes que le chef de projet aura su réunir les bonnes compétences techniques, et saura trouver les modes d'organisation et d'animation les plus aptes à les déployer.

Trois autres dimensions sont extérieures au projet, et concernent l'environnement dans lequel il se situe :

◆ **la dimension stratégique :** le projet Zumanoïdes devient stratégique, car il remet en cause le positionnement des gammes, les circuits de distribution, les partenariats externes et même les politiques de fond de l'entreprise (stratégie de différenciation contre stratégie de coûts) ;

◆ **la dimension politique :** en acquérant ce statut stratégique, il révèle des jeux politiques qui s'expriment par son intermédiaire et bouscule les jeux de pouvoir en confrontant des coalitions. Il cristallise les tensions, met à jour des alliances et oppositions et confronte des personnalités ;

◆ **la dimension symbolique :** finalement, le projet Zumanoïdes interpelle l'identité et la raison d'être de l'entreprise (l'@ qui sépare Créaludo de Cré@ludo est lourd de symbole…). Il est le lieu de cristallisation d'une lutte de génération, entre un père et son fils, entre la nouvelle équipe de Charles Duprès et l'ancienne (emmenée par Gérard Lesage, sous l'égide de

Jean Duprès jusqu'à sa mort récente). Il est donc porteur d'enjeux visibles (financiers, stratégiques…) mais également plus symboliques, qui débordent largement de son contenu technique.

Le succès d'un projet dépend donc de facteurs internes (capacité à attirer les compétences adéquates, à organiser le travail de façon efficace et à manager des hommes), mais également externes (capacité à accéder aux ressources organisationnelles, et à prendre en compte les jeux politiques et symboliques). Sans oublier que tous ces enjeux évoluent en permanence, au fil du temps !

Le projet transforme les organisations et les hommes

Nous avons voulu insister sur le caractère transformationnel des projets, en tant que démarche d'apprentissage collectif par l'action, dont les individus comme l'organisation ne sortent pas indemnes. « Il y a plus que le projet dans le projet ! »

Nous avons vu que les projets présentent des risques pour les individus comme pour l'organisation. Ne les mésestimons pas :

- **pour l'individu :** risques de burn out, de perte d'identité, d'isolement, d'exposition, de gestion de l'échec…
- **pour l'entreprise :** risques liés à l'investissement financier, de dispersion des efforts et des ressources, de tensions internes du fait du changement, de remise en cause des rôles fonctions et territoires, de conflit…

Mais au global, **le projet transforme l'organisation**, à de multiples niveaux, comme le prouve l'aventure Zumanoïdes :

- au niveau des produits et des marchés (même si les évolutions restent balbutiantes chez Créaludo) ;
- au niveau des méthodes, par l'introduction de nouveaux outils, de nouvelles démarches collaboratives, d'interrogations sur les systèmes de gestion, de reconnaissance et de développement des personnes…
- sur le plan du management, à la fois interpellé, responsabilisé et remis en cause dans ses équilibres ;
- sur le plan des hommes, dont certains sortent grandis et élargissent leurs perspectives de développement, en interne ou en externe à l'entreprise ;
- sur le plan des compétences collectives : capacité à travailler autrement, à explorer des opportunités, à générer de nouveaux projets…

Le recours à un outil de management moderne (le projet) n'a-t-il finalement pas permis à Créaludo de revenir à ses sources entrepreneuriales et à ses valeurs fondatrices ? Au travers de cette expérience de **management de projet**, Créaludo n'est-elle pas sur la voie d'un mode de **fonctionnement par projet**, où les méthodes, compétences et comportements acquis par cette expérience irriguent l'ensemble des activités et permettent de repenser le management des opérations habituelles ? Ce projet mené pour la première fois, chez Créaludo, ne représente-t-il pas une étape vers un mode de fonctionnement collectif plus entrepreneurial ?

Ce ne serait pas le moindre des apports du projet.

Laissons à Charles Duprès le soin de réfléchir à ces questions stratégiques pour la survie de son entreprise. « *À lui de faire souffler le vent dans le bon sens* », aurait dit Gérard Lesage, qui porte décidément bien son nom.

Mais ceci est une autre histoire et, peut-être, un autre ouvrage !

> « *Rien n'est donné, rien ne va de soi, tout est construit.* »
>
> Bachelard[1]

---

1. G. Bachelard, *La Formation de l'esprit scientifique*, Paris, J. Vrin Ed., 1983.

www.ingramcontent.com/pod-product-compliance
Lightning Source LLC
Chambersburg PA
CBHW031121210326
41519CB00047B/4263